# 新时代职业院校劳动教育与实践

姜　强　田爱婷　张云萍 ◎ 主编

中国书籍出版社
China Book Press

图书在版编目（CIP）数据

新时代职业院校劳动教育与实践 / 姜强，田爱婷，张云萍主编. -- 北京：中国书籍出版社，2021.8
ISBN 978-7-5068-8574-4

Ⅰ.①新… Ⅱ.①姜…②田…③张… Ⅲ.①劳动教育-教学研究-中等专业学校 Ⅳ.①G40-015

中国版本图书馆 CIP 数据核字(2021)第 138426 号

## 新时代职业院校劳动教育与实践

姜　强　田爱婷　张云萍　主编

| 责任编辑 | 姜　佳 |
|---|---|
| 责任印制 | 孙马飞　马　芝 |
| 封面设计 | 范　荣 |
| 出版发行 | 中国书籍出版社 |
| 地　　址 | 北京市丰台区三路居路 97 号（邮编：100073） |
| 电　　话 | （010）52257143（总编室）　　（010）52257140（发行部） |
| 电子邮箱 | eo@chinabp.com.cn |
| 经　　销 | 全国新华书店 |
| 印　　刷 | 青岛华星爱商彩印包装有限公司 |
| 开　　本 | 787 mm × 1092 mm　1 / 16 |
| 字　　数 | 219 千字 |
| 印　　张 | 11.5 |
| 版　　次 | 2021 年 8 月第 1 版　2024 年 1 月第 2 次印刷 |
| 书　　号 | ISBN 978-7-5068-8574-4 |
| 定　　价 | 36.00 元 |

版权所有　翻印必究

# 本书编委会

**主　编**　姜　强　田爱婷　张云萍

**副主编**　闫向飞　徐　芳　王德生　杨　宁
　　　　　鞠明霞　孙　俨

**编　委**　李　霖　谭　超　高　丽　林　玉
　　　　　姜　红　周美蕾　孟彩虹　史梦瑶
　　　　　段鑫鑫　于　瑾　张　娇

# 前 言

中国特色社会主义进入新时代，全面加强劳动教育得到了前所未有的重视。2020年3月，中共中央、国务院《关于全面加强新时代大中小学劳动教育的意见》发布，对新时代劳动教育作了顶层设计和全面部署；同年7月，教育部印发了《大中小学劳动教育指导纲要（试行）》，强调："劳动教育是中国特色社会主义教育制度的重要内容，要把劳动教育纳入人才培养全过程，贯通大中小各学段，贯穿家庭、学校、社会各方面，促进学生形成正确的世界观、人生观、价值观。"为全学段推进劳动教育绘制了线路图。2022年，党的二十大报告明确提出要"全面贯彻党的教育方针，落实立德树人根本任务，培育德智体美劳全面发展的社会主义建设者和接班人"，这是时隔十年"劳动教育"重新回归党代会报告。劳动教育的重新回归，就是要通过劳动教育"让劳动光荣、创造伟大成为铿锵的时代强音，让劳动最光荣、劳动最崇高、劳动最伟大、劳动最美丽蔚然成风。要教育孩子们从小热爱劳动、热爱创造，通过劳动和创造播种希望、收获果实，也通过劳动和创造磨炼意志、提高自己"。党的二十大报告重要精神和习近平总书记关于劳动的重要论述为新时代加强劳动教育提供了根本遵循。为贯彻落实新时代党对劳动教育的新要求，充分发挥劳动独特的育人价值，我们以党的二十大精神、习近平总书记关于劳动教育的重要论述为指导，结合中共中央、国务院《关于全面加强新时代大中小学劳动教育的意见》和教育部《大中小学劳动教育指导纲要（试行）》，编写了《新时代职业院校劳动教育与实践》一书。

本书由理论篇、精神篇和实践篇三个模块构成，共九章。模块一为"理论篇"，包括"马克思主义劳动观与新中国劳动教育的历史回顾""新时代劳动教育新发展"

"新时代职业院校'三位一体'开展劳动教育"三部分，重点在于增强学生对劳动教育的认识，树立正确的劳动观和价值观，掌握接受劳动教育的基本路径。模块二为"精神篇"，包括"职业精神""劳模精神""工匠精神"三个部分，通过了解各行各业劳动者的"榜样故事"，感悟劳动者身上的"榜样力量"，弘扬劳动最光荣、劳动最崇高、劳动最伟大、劳动最美丽的社会风尚。模块三为"实践篇"，包括"生活劳动实践""生产劳动实践""服务性劳动实践"三部分，鼓励学生积极参与生活劳动、专业实训、社会服务等各类劳动实践活动，在实践中感悟劳动是一切幸福的源泉，做到知行合一，争做新时代的奋斗者。

  本书在编写过程中，参考借鉴了劳动教育研究的相关著作和文献，在此致以诚挚的感谢！由于编者水平有限，书中不足之处在所难免，敬请广大专家、同行和读者批评指正。

编 者

2023 年 1 月

# 目 录

## 模块一 理论篇

### 第一章 马克思主义劳动观与新中国劳动教育的历史回顾 ... 3
第一节 马克思主义的劳动观 ... 4
第二节 新中国成立以来劳动教育的历史回顾 ... 11

### 第二章 新时代劳动教育新发展 ... 23
第一节 新时代劳动教育观的基本内涵 ... 24
第二节 新时代劳动教育观的时代价值 ... 32

### 第三章 新时代职业院校"三位一体"开展劳动教育 ... 47
第一节 劳动教育与思想政治教育相融合 ... 47
第二节 劳动教育与专业教育相融合 ... 54
第三节 劳动教育与校园文化相融合 ... 61

## 模块二 精神篇

### 第一章 职业精神 ... 73
第一节 彰显职业精神的行业典范 ... 73
第二节 树立职业意识 培养职业精神 ... 82

## 第二章　劳模精神 ············································· 93
### 第一节　新时代劳动模范的杰出代表 ····················· 93
### 第二节　践行劳模精神　争做时代先锋 ··················· 102

## 第三章　工匠精神 ············································· 110
### 第一节　古今中国"匠人"的先进事迹 ····················· 110
### 第二节　弘扬工匠精神　培养大国工匠 ··················· 116

# 模块三　实践篇

## 第一章　生活劳动实践 ········································ 129
### 第一节　"衣食住行有担当"家庭生活主题活动 ············ 129
### 第二节　"我的区域我负责"校园生活主题活动 ············ 138

## 第二章　生产劳动实践 ········································ 149
### 第一节　"体验烘焙乐趣　享受美味人生"主题活动 ······· 149
### 第二节　"畅享园艺　绿动你我"主题活动 ················· 156

## 第三章　服务性劳动实践 ······································ 163
### 第一节　"公益宣传我先行"主题活动 ····················· 163
### 第二节　"社区服务献爱心"主题活动 ····················· 169

模块一

# 理论篇

**【学习目标】**

　　正确认识和对待劳动，深入理解和掌握马克思主义劳动观的内容，提升对劳动创造美好生活的认同，学会运用马克思主义劳动观分析问题和指导实践。了解新中国成立以来我国劳动教育的历史，切实认识新时代加强劳动教育的重要意义。站在新时代发展方位上，厘清新时代劳动教育观"新"在何处，明确新时代劳动教育的"新"要求，深入思考如何以实际行动加强新时代劳动教育。明确职业院校推进劳动教育的"三位一体"模式，能够充分利用不同课程，积极参与劳动实践，切实感悟劳动价值，树立正确的劳动价值观；能够立足专业学习，树立崇高的职业理想，以实际行动共同传承劳动精神，共同营造崇尚劳动的浓厚氛围。

**【学习指南】**

　　劳动，是人类创造物质财富和精神财富的实践活动。劳动创造了人本身，把人从自然界中解放出来；劳动创造了社会，是人类全部社会关系形成和发展的基础；劳动是社会历史发展的根本推动力量。新中国成立以来，我们始终遵循马克思主义基本原理，将"教育与劳动"相结合，积极探索和开展劳动教育，进入新时代，全面加强劳动教育受到前所未有的重视。新时代赋予劳动教育新内涵，对劳动教育提出新要求。我们着力培养"德智体美劳"全面发展的社会主义建设者和接班人，因此必须坚定贯彻"五育并举"教育方针，整合协调各方资源，注重家校社协同发力，教育引导学生认清劳动本质，树立"劳动最光荣、劳动最崇高、劳动最伟大、劳动最美丽"的劳动价值观念。新时代加强劳动教育，职业院校是重要载体，职业院校在开展劳动教育过程中要充分发挥思想政治教育、专业教育、校园文化优势，通过"三位一体"模式，帮助大学生进一步树立正确的劳动价值观念，实现个人健康成长。

　　本模块主要介绍马克思主义劳动观的内容、新中国成立以来劳动教育的历史及新时代劳动教育的新发展和新要求，重在增强学生对劳动教育的认识，引导学生树立正确的劳动价值观，掌握接受劳动教育的基本路径。

# 第一章 马克思主义劳动观与新中国劳动教育的历史回顾

## 导读

马克思主义劳动观贯穿于整个马克思思想体系之中，马克思把劳动称为社会围绕之旋转的太阳，可见劳动问题是人类历史的中心问题，人类发展史就是人类劳动实践发展史。党的二十大报告指出："深入实施人才强国战略，坚持尊重劳动、尊重知识、尊重人才、尊重创造"。劳动是人类创造物质财富和精神财富的活动，是人类得以生存和发展的基础，劳动教育是素质教育的关键一环。中国特色社会主义进入新时代以来，国家把劳动教育上升到一个新的战略高度。习近平总书记在全国教育大会上指出"要在学生中弘扬劳动精神，教育引导学生崇尚劳动、尊重劳动，懂得劳动最光荣、劳动最崇高、劳动最伟大、劳动最美丽的道理"。2020年3月20日，中共中央、国务院印发了《关于全面加强新时代大中小学劳动教育的意见》（以下简称《意见》），明确提出要把劳动教育贯穿到学校教育教学全过程，并对各级各类学校开展劳动教育进行了总体部署，这是党中央、国务院面对新时代对我国劳动教育作出的一次系统性、全局性的顶层设计。

劳动是财富的源泉，也是幸福的源泉。人世间的美好梦想，只有通过诚实劳动才能实现；发展中的各种难题，只有通过诚实劳动才能破解；生命里的一切辉煌，只有通过诚实劳动才能铸就。

——2013年4月28日习近平在同全国劳动模范代表座谈时的讲话

大学，是大学生世界观、人生观、价值观确立的关键时刻，劳动教育可以让大学生立足实践、认识世界、探索真理，不断完善自己。我们职业院校的大学生作为即将走向社会参加工作的高技能、高素质人才群体，将是社会生产力的先进代表，我们的劳动素养水平关系到社会生产劳动的产出效应，关系到我国经济社会发展的质量和可持续性，关系到古老中国能否在21世纪尽早实现伟大复兴。我们应不畏艰难、百折不挠、敢于担当，在劳动中增阅历、长才干、坚意志、熟技能、知荣辱、懂感恩，为美好的未来做好思想、信念、人格、品质上的准备。

# 第一节　马克思主义的劳动观

## 案例导入：人类起源认识的历史发展

人类对自身起源的认识经历了漫长的过程。在世界各民族早期的历史上，都曾有关于人类起源的各式各样的神话和传说。一类是"神创说"，认为人类最初是由神创造出来的，例如，中国古代有女娲氏捏土造人的传说，古代埃及和其他一些民族也有过类似的传说。一类是"自然发生论"，认为原始人类或是从月亮上落下来的，或是鸟卵孵化出的，或是鱼到了陆上脱掉鳞片变化而成的。人类进入阶级社会以后，为了适应剥削阶级精神统治的需要，从原始神话演化出"上帝造人"的宗教教义。例如，被基督教奉为"圣经"的古代犹太教经典《旧约·创世记》记载，上帝耶和华在6天之内创造了世界和人类。这种荒诞的说教和其他类似的迷信说法长期禁锢着人们的头脑。在漫长的奴隶社会和封建社会里，也有不少杰出的思想家试图用物质世界本身的原因说明人类起源，但由于他们缺乏科学的根据，都未能从根本上动摇"神创说"的统治。

近代自然科学兴起后，法国的让·巴蒂斯特·拉马克（1744~1829）、英国的查尔斯·罗伯特·达尔文和托马斯·亨利·赫胥黎、德国的恩斯特·海克尔（1834~1919）等一大批科学家开始对人类起源问题进行科学的探讨和论证，其中以达尔文的贡献最为突出。他在1871年发表的《人类的由来及性选择》一书中，应用生物进化论原理，系统地说明了人类起源和形成的自然历史。该书依据解剖学、胚胎学和人类残迹器官等方面的大量材料，论证了人类并非自古就有，也非神的创造，而是通过变异、遗传和自然选择从古猿进化而来的。这些科学成果具有划时代的意义。但达尔文只是纯粹从生物进化的观点考察人的问题，还不能彻底说明人类是怎样从动物界分化出来的。马克思和恩格斯则对人类形成问题进一步从社会的本质和基础作出了正确解释。马克思在自己的著作中一再谈到人类的社会本质以及劳动在人类形成中的决定作用。恩格斯在1876年所写的《劳动在从猿到人转变过程中的作用》中，明确提出并全面论证了劳动创造人的原理。他指出劳动"是整个人类生活的第一个基本条件，而且达到这样的程度，以致我们在某种意义上不得不说：劳动创造了人本身"。（《马克思恩格斯选集》第3卷，第508页）这一结论不断地为考古学和古人类学的大量发现和事实所证实。

劳动是人类创造物质财富和精神财富的活动。习近平总书记指出："劳动是财富的源泉，也是幸福的源泉。人世间的美好梦想，只有通过诚实劳动才能实现；发展中的各种难题，只有通过诚实劳动才能破解；生命里的一切辉煌，只有通过诚实劳动才能铸就。"

如何认识和对待劳动，是如何认识、理解、把握马克思主义的重大理论问题。马克思通过深入研究和精湛阐发劳动及其规律，运用劳动这把"理解全部社会史的锁钥"认识历史、认识人类、认识世界，从而在"繁芜丛杂"的社会关系中揭示了人类社会发展的一般规律，指明了人类前进的基本方向。

## 一、劳动创造了人和人类生存所必需的全部物质条件和精神条件

人通过劳动成为人，通过劳动解放自己。马克思说："任何一个民族，如果停止劳动，不用说一年，就是几个星期，也要灭亡，这是每一个小孩都知道的。"劳动是人类生存和开展社会活动的前提，作为生命存在的我们，要解决吃、穿、住的问题，必须从事生产劳动，通过劳动改造自然，从大自然中获取生活资料。马克思认为，劳动是人的本质，全部人的活动迄今为止都是劳动。人既是自然界进化发展的产物，又是社会劳动的产物。恩格斯在《自然辩证法》中同样也提到："劳动是整个人类生活的第一个基本条件，而且达到这样的程度，以致我们在某种意义上不得不说：劳动创造了人本身。"

图1-1 人类在进化过程中解放了双手双脚，最终实现了从猿到人的转变

人类是在自然进化过程中产生和发展起来的，正如马克思所言，人直接的是"自然界的一部分"，但又通过"有意识的生命活动把人同动物的生命活动直接区别开来""使自己的生命活动本身变成自己意志和自己意识的对象"。劳动把人从自然界中解放出来，与动物有了根本性的不同，并开始拥有属于自己的历史。

在劳动的过程中，人们创造了宝贵的科学、技术和文化成果，并积累了大量精神财富，有力地助推了人类社会的发展和进步。

图 1-2　东汉蔡伦发明"蔡侯纸"

在马克思看来，从人类的产生到人类社会发展进步，一切都离不开劳动。在劳动的具体实践中，人类总结自然规律，寻求生存密码。

图 1-3　燧人氏在燧明国（今河南商丘一带）发明了钻木取火

## 拓展阅读

### 从猿到人的进化过程

人与人猿存在某种亲缘关系，具有共同的祖先。约6500万年前，一颗宽度约16公里的大型陨石撞击到了今天墨西哥的尤卡坦半岛上，造成了巨大灾难，当时地球上包括恐龙在内的三分之二的动物物种消亡灭绝（恐龙灭绝原因未定，此种说法只占其一），爬行动物的黄金时代结束，原始哺乳类动物逃过劫难，经过漫长岁月而存活下来，之后迅速进化，才形成了现在的人类。

早期猿人：肯尼亚1470号人、坦桑尼亚峡谷"能人"。能人（Homohabilis）约150万年到250万年前，南方古猿的其中一支进化成能人，最早在非洲东岸出现，也就是所谓的早期猿人，能人意即能制造工具的人，是最早的人属动物。

晚期猿人：印尼爪哇人、德国海德堡人、中国元谋人和北京人。直立人（Homoerectus）约20万年到200万年前，最早在非洲出现，也就是所谓的晚期猿人，懂得用火，开始使用符号与基本的语言，直立人能使用更精致的工具。

早期智人：德国尼安德特人、中国丁村人。早期智人（early Homosapiens）约3万年到25万年前，旧石器中期起源于非洲，后向欧亚非各低中纬度区扩张（除了美洲），这是人类第二次走出非洲。大荔人、马坝人、丁村人、许家窑人、尼安德特人都属于早期智人。

晚期智人：法国克罗马农人、中国山顶洞人。晚期智人（late Homosapiens）约1万年到5万年，也就是所谓现代人的祖先（山顶洞人、河套人、柳江人、麒麟山人、峙峪人即属于晚期智人）。大约10万年前，一大群智人占据了尼安德特人分布的领域，一般认为这群智人来自撒哈拉以南的非洲，产生于大约15万年前至20万年前。

## 二、劳动是人类全部社会关系形成和发展的基础

人们在劳动过程中，一方面同自然界发生关系，另一方面在人们之间又结成了生产关系。劳动不仅创造了人与自然的关系，还形成了人与人之间的关系，这些构成了人类社会发展的全部社会关系和基本条件。正如马克思所言："人的本质并不是单个人所固有的抽象物，在其现实性上，它是一切社会关系的总和。"社会是人类劳动的产物，必将随着劳动的发展而发展。

| 社会经济五形态 | 原始社会 | 奴隶社会 | 封建社会 | 资本主义社会 | 共产主义社会 ||
|---|---|---|---|---|---|---|
|  |  |  |  |  | 第一阶段 | 高级阶段 |
| 社会经济三形态 | 自然经济 | 自然经济（简单商品经济作为其从属形式） || 商品经济 | 产品经济 ||
| 所有制关系三形态 | 早期原始公社所有制（原始公有制） | 私有制 ||| 公有制 ||
|  |  | 晚期原始公社所有制（小私有制） | 小私有制 | 资本主义私有制 |  |  |
| "地质形成"三形态 | 原生形态 | 次生形态 ||| 未来形态 ||
| 人的发展三形态 | 人的依赖性 |||  人的独立性 | 人的全面性 ||

**图 1-4 马克思的社会经济形态理论体系**

一切社会活动都以劳动为前提。马克思、恩格斯在《德意志意识形态》中明确地指出："全部人类历史的第一个前提无疑是有生命的个人的存在。"劳动的过程就是人通过自身的劳动"有意识地"去追求"更好更充分地活着"，创造和享有美好生活，这个过程就是人的劳动过程。

## 三、劳动是促使社会历史发展的根本推动力量

人类发展史，从某种意义上说，就是一部人类劳动实践发展史。社会发展的

最终决定力量不是精神、意志、神灵，而是人的劳动实践。在马克思、恩格斯看来，人凭借劳动满足最基本的生存需要，实现社会财富的创造和积累，创造了人类社会赖以发展的物质生活和精神世界，从而使社会得以进步。

图 1-4 劳动推动社会发展

劳动创造与推动了人类社会历史运动，"整个所谓世界历史不外是人通过人的劳动而诞生的过程"。同时，人通过劳动不断体现和生成自身的创造性本质力量。人在劳动过程中不断发挥和发展自身的创造力，进而推动人类历史进步。

### 四、劳动与教育的关系

马克思在《资本论》中指出："生产劳动同智育和体育相结合，不仅是提高社会生产的一种方法，而且是造就全面发展的人的唯一方法。"马克思不仅将劳动看作人创造和发展自我的根据，而且肯定了劳动推动人走向自由全面发展的根本性作用，确认了劳动的教育作用，这也成为劳动教育促进人的自由全面发展的逻辑起点。

劳动本身可以实现教育价值。劳动既是教育价值确立的根据，又是实现教育目的的直接且可靠的途径，使得"人类在改造世界的过程中获得自我实现，在产品的对象化中确证自己的力量，从而实现自身的发展"。所以说，劳动与教育在某种意义上具有共通性。人类教育不断发展演进的历史，正是建立在人类劳动不断发展的基础上并与人类劳动发展不断发生关系性变革的历史。

党的二十大报告中指出，我们要"在全社会弘扬劳动精神"，"坚持尊重劳动"。今天，我们要实现"第二个百年"的奋斗目标。实现中华民族伟大复兴的中国梦，归根到底要靠辛勤劳动、诚实劳动、科学劳动。

图 1-5　劳动教育的意义

如果说"解释世界"是为了"改变世界",那么在中国特色社会主义新时代,唯有通过劳动,实践马克思主义劳动观,在统筹推进"五位一体"总体布局、协调推进"四个全面"战略布局中,突出劳动的历史地位,我们才能更有定力、更有自信、更有智慧地坚持和发展新时代中国特色社会主义,确保中华民族伟大复兴的巨轮始终沿着正确航向破浪前行,才能在劳动中展现中国共产党人的人生境界,从而始终同广大劳动人民在一起,用干劲、闯劲、钻劲共同谱写新时代中国特色社会主义新篇章。

## 活动与交流

一、活动目标

引导学生深刻理解劳动创造美好生活。

二、活动时间

建议 15 分钟。

三、活动流程

1. 教师出示以下阅读材料,并提问:结合实际谈谈你对劳动创造美好生活的理解

### 致敬用劳动创造美好生活的人们

匠这个字,外框的"匚",是一个口朝右可以装木工用具的方口箱子,其中的"斤"就是木工用的斧头,所以在上古时,只有木工才叫"匠"。《庄子·徐无鬼》有记"匠石运斤成风",意思是说:一位姓石的木匠抡起斧头如一阵风。比喻手法纯熟、技术高超。

《考工记》中则将木匠又进行了细分。"攻木之工有七:轮、舆、弓、庐、匠、车、梓。"再后来,随着社会的发展和文明的进步,手工业日趋发达,"匠"的概念便愈发宽泛。明末清初,汉口一带活跃着许多靠手艺吃饭的民间匠人,他们有一个统一的称谓叫做"九佬十八匠"。他们走乡串户,用自己的手艺服务乡民。从妇女

戴的金银首饰，到家家户户都要用的锅碗瓢盆，他们的手艺涉及生活中的方方面面。民间艺人是最普通的劳动者，是中国几千年文化的积淀。

相对古代，今天所表述的"匠人精神"更加宽泛。它不仅仅是指手艺、工作，还真正成为了一种处世精神和生活态度——不被外力移志，不以外利惑心，坚定于自己的理想，坚持于自己的本职，在平凡的岗位上追求完美和极致。

而这些有着匠心精神的人，不仅存在于纪录片中，也在我们身边默默奉献着，坚守着自己的岗位。

医生在手术台前全神贯注救死扶伤的医者仁心，老师在讲台上寒来暑往始终如一的谆谆教导，交警在道路上无惧风雨始终坚守的执着奉献……这些都是坚守岗位的例子。尽管他们不那么引人注目，但他们勤勤恳恳、本本分分地每日重复着劳动，将我们的城市建设得更加美丽、更加可爱。

在学校里，清晨时分对食堂的大妈或是大叔说："你好，麻烦给我来一碗牛肉拌粉。"然后踏上干干净净、整整齐齐的校园街道，进入教室学习……认真回想这些画面，不管从事的是什么职业，每一份坚守在岗位上所流下的汗水都值得我们敬畏和感恩，我们每天享受的点点滴滴都有人通过劳动付出着。也正因如此，生活的齿轮才能运转，社会才能发展。

如果没有他们的劳动，或许正在享受假期的你没有可口的瓜果蔬菜可以吃，没有干净美丽的街道可以逛，没有高效便捷的高铁可以坐，没有景点，没有小吃，没有网络，更没有安全。

劳动节的意义于我们不仅仅是假期，更是为了感恩、为了珍惜、为了懂得用劳动构建美好的明天，享受劳动的充实，享受创造的快乐，享受进步的乐趣，享受实现自我的成就感，以建设者的身份实现共同的中国梦。

生活中的每一天都值得我们向所有的劳动者们致敬！付出的青春最美丽，无悔的劳动最光荣！

2. 将全班分成 4~6 个人的活动小组，通过内部讨论形成小组对劳动创造美好生活的理解。

3. 每个小组选出 1 名代表陈述本组的意见。

4. 教师进行归纳分析，引导学生深刻理解劳动创造美好生活。

### 课后思考

你认为大学生学习马克思主义劳动观有什么意义？

# 第二节　新中国成立以来劳动教育的历史回顾

## 案例导入：铁人王进喜

王进喜，甘肃省玉门县人，中国黑龙江省大庆市大庆油田石油工人。1960年3月，他率队从玉门到大庆参加石油大会战，发扬"为国分忧，为民族争气"的爱国主义精神，为结束"洋油"时代而顽强拼搏。他组织全队职工把钻机化整为零，用"人拉肩扛"的方法搬运和安装钻机，奋战三天三夜把井架耸立在荒原上。打第一口井时，为解决供水不足的问题，王进喜带领工人破冰取水，"盆端桶提"运水保开钻。打第二口井时突然发生井喷，由于当时没有压井用的重晶石粉，王进喜决定用水泥代替；没有搅拌机，他则不顾腿伤，带头跳进水泥浆池里用身体搅拌，经过全队工人的奋战，终于制服井喷。他率领1205钻井队艰苦创业，打出了大庆油田石油大会战第一口油井，并创造了年进尺10万米的世界钻井纪录，展现了大庆石油工人的气概，为我国石油工业的发展做出了重要贡献，成为中国工业战线的一面旗帜。他留下的"铁人精神""大庆精神"，成为我国社会主义建设事业的宝贵财富。2009年9月10日王进喜当选"100位新中国成立以来感动中国人物"之一。2019年9月25日，被评选为"最美奋斗者"。

图 1-6　王进喜在制服井喷

在中华人民共和国发展的各个历史阶段中，涌现出一大批劳动模范，他们在工业、农业、科技等不同的战线上，在极其平凡的工作岗位上，用自己的汗水为祖国创造财富，用自己的智慧为人民带来了幸福。他们是先进生产力的代表，是社会主义建设大军的排头兵。在他们身上，既有中华民族勇敢、勤劳、智慧、顽强的优秀传统品格，又有崇高的理想和无私奉献的精神。

人民创造历史，劳动开创未来。作为新时代的职业院校的青年学子，要对新中国成立以来的劳动教育有一定的了解。

自新中国成立以来，我国一直遵循马克思主义基本原理，把"教育与生产劳动相结合"的理念贯穿劳动教育发展的全过程，但是在不同的历史时期有不同的价值导向和实践形态。梳理新中国成立以来的劳动教育的发展脉络，不仅可以对我国劳动教育的历史有所了解，更有助于新时代青年学子的成长成才。

## 一、我国劳动教育的初级探索阶段（1949~1956）

我国劳动教育的探索时期（1949~1956），是以新中国的成立和1956年所颁发的《关于高小和初中毕业生从事劳动生产宣传提纲》为分界线，这一阶段主要以效仿前苏联做法、制定劳动教育相关条例与规范劳动教育发展方向为主。

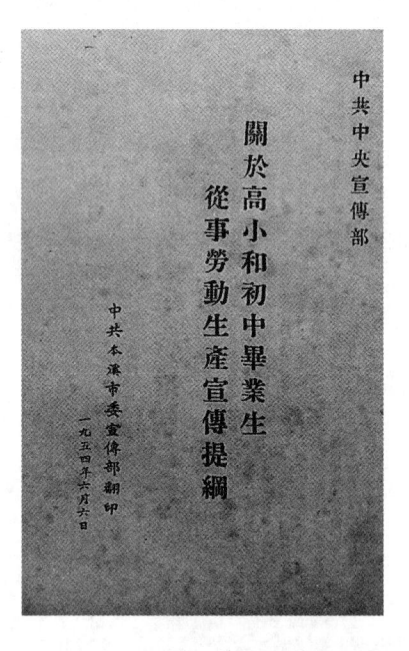

图1-7 中共中央宣传部发布的《关于高小和初中毕业生从事劳动生产宣传提纲》

在劳动教育的课程上，设置了手工劳动课、生产劳动课、教学工厂实习、农业生产基本知识及实习，以及开设劳作课。除此之外，校园内的打扫，教室内的卫生、桌椅的摆放以及学生的轮流值日安排等，也都是当时劳动教育的主要内容之一。课程的设置大部分都以教学与生活、教学与生产、教学与劳动等方面为主要内容，以起到改造学生思想的目的，为更好地培养有社会主义觉悟的文化劳动者做铺垫。

## 拓展阅读

"手工劳动课"主要在小学增设,主要包括科学实验、教具制造、体育用具制作及手工雕刻等,还辅之以图画、泥工、制作模型、编制图表等课程以增加学生的兴趣。这些课程内容的增设旨在提高小学生的动手能力和创造力。

"生产劳动课"主要以学生学习细木工、打铁、制革为主。这些课程内容的形成主要借鉴了前苏联劳动教育课程的设置,它注重儿童动手能力的培养。

"教学工厂实习""农业生产基本知识及实习"等课程,强调理论与实践的结合,特别是与生产技术的结合。

劳作课主要是在中学阶段开设,其教授方法主要是实践的方法,教师除了定期带领学生到学校附近的农场、红军公田或一般农田进行农业劳动外,还组织学生到市区的工厂进行生产劳动。

图1-8 一年级手工劳动课——纸模型    图1-9 学生到工厂中学习

劳动教育的实施途径主要以教师讲授为主,结合实验,带领学生到工厂实习、做工,以及参观生产技术为主,以社会服务活动和手工技术活动为辅,着重培养学生的动手能力和实践能力。劳作课主要是在学校附近的农场进行上课,教师带领学生进行操作、试验,旨在锻炼学生的意志力;同时还利用活动宣传的方式,营造热爱劳动的氛围。少年先锋队和青年社团在举行定期的活动中,向学生宣传劳动教育,并积极鼓励学生参与一系列的劳动活动,从中体会劳动的幸福感。介绍劳动教育模范的光荣事迹,通过开展讨论会、举办晚会等途径,教师向学生们讲解劳动楷模,如当时的李顺运、曲耀离等人,让同学们了解他们被人尊重,皆是因为他们热爱劳动的品质和愿意投身工农业生产的行为,以此鼓励学生积极地投身于劳动。表扬热爱劳动的学生,倡导全体学生向他们学习。尤其是小学或中学毕业后,积极投身于工农业生产的部分同学,教师通过张贴海报、宣传栏的方式,鼓励学生养成自主劳动的习惯。

图 1-10　1949 年 10 月 13 日 "中国少年儿童队"成立。1953 年改名为"中国少年先锋队"。

图 1-11　植棉丰产模范曲耀离宣传画

图 1-12　劳动教育的宣传画

## 二、我国劳动教育的初步发展阶段（1957~1965）

1957 年至 1965 年这一时期，是我国劳动教育发展最重要的阶段。期间，国家大力提倡勤工俭学和半工（农）半读思想。随着国内形势的转变和中苏关系的恶化，我国劳动教育实施逐渐脱离前苏联课程内容的影响，重新对劳动教育的内容和实施方式进行了调整。

图 1-13　《人民日报》刊登的《半工半读教育制度显示出鲜明优越性》

图 1-14　《北京青年报》报道的中共中央、国务院《关于教育工作的指示》

中共中央、国务院发布《关于教育工作的指示》（以下简称《指示》），确立了"教育为无产阶级的政治服务，教育与生产劳动相结合"的教育工作方针，培养有社会主义觉悟的有文化的劳动者，劳动教育作为培养"劳动者"的一种有效途径，旨在引导学生树立正确的社会主义思想，改造其资本主义思想，为做一个符合当时的政治思想和文化标准的人做准备。

在《指示》的指引下，各地开始有序地实施教育与生产劳动相结合的方针。在内容上，将生产劳动由原来的简单的学习变成主要课程进行教授，对不同级类学校及年级的每周、每月、每学年的劳动时间作出了明确规定，不同学校阶段分别开设教育与生产劳动相结合的课程。小学阶段开设生产常识、手工、劳动课等；中学虽然开设生产知识课和劳动课，但中学阶段的生产知识课主要以农业科学技术知识为主。这一时期，生产劳动课的重要性与语文、数学和社会主义思想教育旗鼓相当。

### 看数据

在毛泽东等党的领导人的大力号召下，街道、农场、工厂多联合学校一起办学。到 1958 年末，据北京、吉林、山西、江苏等 15 个省市统计，民办小学学生人数达 161 万人；河北、河南、上海、山东等 18 个省市民办中学学生也有 42.6 万人。

据不完全统计，至 1958 年底，全国范围的半工半读学校已有 160 多所，在校学生超过 4500 人。到 1964 年，在全国掀起了举办半工半读学校的热潮。

据 1965 年统计，全日制高等学校举办半工半读的有 177 所，在校学生达到 44000 人。

### 拓展延伸：教劳结合的样板——江西共大

江西共大诞生于 1958 年 6 月，它是在毛泽东"半工半读"思想的倡议下开办的学校，因此，共大坚持的办学方针是"半工半读，勤工俭学"，教学原则是教育与生产劳动相结合，以最大化地实现学校和学生自力更生的理想。

在共大，学生不向家里要学费书费，而是在课余通过自己的劳动所得供自己读书。为此，共大为不同专业的学生开办了农场、牧场、林场以及其他各类工厂，确保每个专业的学生都有劳动的基地。在课程设置上，共大坚持理论联系实际的原则，学生的学习科目除了语文、数学、外语、政治、体育等基础课之外，还有树木学、土壤学、气象学、园艺学、测量学、畜牧学、医学、金融学等专业课程。

在共大半工半读的四年，学习和劳动是穿插进行的，按照专业性质、季节、年级适当规定学习和劳动的比例，把学习与劳动有机结合起来，坚持课程学习为生产劳动服务，在生产劳动的安排上坚持以学生劳动尤其是专业劳动为主。学生结合专业参加生产劳动，进行基本生产技能的训练，建立起教学、生产、科研三者相结合的体制，同时自力更生，发展生产，逐步实现"自给自足"的办学构想。

据统计，到1980年改制，20年间共大为国家培养了22万余名各行业的专业人才。1961年，毛泽东明确表示赞成共大"半工半读、勤工俭学"的做法，肯定了共大的办学方式不仅能产生经济效益，还能培养专业人才，是全国学校学习的样板。

图1-15 江西共大现更名为江西农业大学

1958~1959年间，由于劳动过多过泛，课程内容由先前的在学校与工厂进行，进而转入到大炼钢铁的队伍中去。课程内容以学生边生产、边学习、边炼钢等生产劳动为主，以致教学内容不能按照计划正常实施。客观上讲，这种教学内容的设置，严重地违背了马克思主义教育与生产劳动相结合理论的思想精髓，严重地扰乱了正常的教育教学秩序。

随着"调整、巩固、充实、提高"八字方针的提出，国家的整体发展出现了比较大的调整，教育领域的改革也放缓了脚步。在课程内容的设置上，基本恢复了新中国成立初期的课程内容设置，开始注重学生基础知识和基本技能的培养，中学继续开设生产知识课、劳动课和制图课，小学开设生产常识、手工和劳动课等课程。

在这一阶段，虽然毛泽东等国家领导人高度重视劳动教育问题，但是劳动教育却未能正确把握马克思主义关于教育与生产劳动相结合的原则，过多的劳动冲击了学生对知识的学习，出现了劳动是教学、劳动代替教学的局面，甚至还出现了"读书无用论"的论调，这使得劳动教育的发展有所偏离。

## 三、我国劳动教育的停滞阶段（1966~1976）

在动荡的十年里，我国的教育事业受到了严重的冲击。在错误方针政策的引领下，劳动教育空前的扩大化，整个学校的课程内容设置、教学实施方法都以劳动为主，全部选择在农村、工厂进行。一些基础文化课程的学习都是以农村干活、工厂做工为主，对知识的考察也只是以写体会的方式进行。"读书无用论"的思想在全国开始泛滥，文化课等基本知识不被重视，大学取消了文化课考试，工人和农民可以"凭着一双长满老茧的手"进入高等学府。劳动人民成为了"文化""思想"水平的象征，"师生到工厂去，到农村去，实行和广大工农群众相结合"成为流行口号，报纸等各种主流媒体推波助澜，大力宣传知识青年到农村、工厂进行劳动再教育。

在这种思想的影响下，国家极力倡导学生要走进农村、走进工厂，接受贫下中农再教育。这导致学校一切计划有序的教学工作和规章制度被彻底破坏，劳动教育变成了阶级斗争和政治改造的工具。

我国劳动教育历经初探、发展和停滞三个阶段，属于社会主义道路探索初期，尚未对劳动教育产生全面、客观认识的结果。但当时教育与生产劳动相结合的方针，为后续劳动教育的发展树立了正确的观念。

## 四、劳动教育的探索创新阶段（1978~20世纪末）

这一时期，我国劳动教育的发展，突破了新中国成立初期固有的思维模式，以教育要实现现代化为目标，初步改变了劳动教育只是简单的动动手或是一切体力劳动的传统观念，开始构建适应现代经济社会发展并能够与社会化大生产相结合的制度规范。

### 拓展阅读：五爱教育

"五爱"，即爱祖国、爱人民、爱劳动、爱科学、爱社会主义。1982年颁布的《中华人民共和国宪法》中将爱劳动作为公民公德要求提出，指出"国家提倡爱祖国、爱人民、爱劳动、爱科学、爱社会主义的公德"。

受科技革命和国内教育体制改革的影响，劳动教育课程内容设置大致分为两个阶段。小学主要开设劳动教育课程，主要以自我服务劳动、家务劳动、简单的社会公益劳动、简单的生产劳动知识技能以及手工艺劳动为主要内容。中学则开设劳动技术教育课程，主要包括学习如何种植农作物的基本知识与技能、了解常用木工工具的性能以及烹饪、裁剪、编织等内容，旨在培养学生的专业技能和实践能力，为他们将来的职业生涯奠定坚实的基础。1990年3月8日，国家教委在《现行普通高中教学计划的调整意见》中做了明确规定，规定"必修课开设政治、语文、数学、外语、劳动技术等11科"。劳动教育课程作为必修课在高中教学中开始实施。此外，小学和中学开设的劳动课程，内容上增加了现代科学技术知识的学习比重。与传统的劳动教育课程内容相比，更为现代性、科学性，表现出了与时俱进的时代特征。

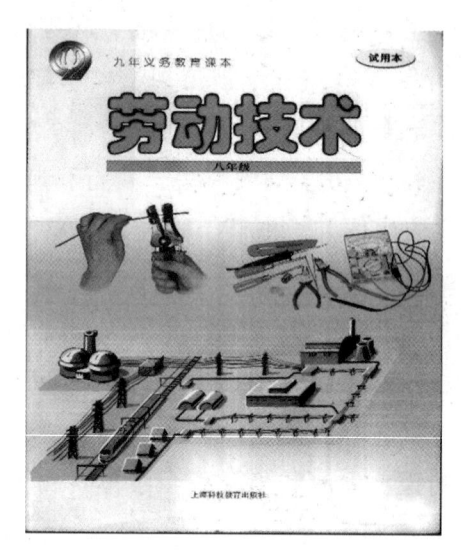

图 1-16　劳动技术课本

| 学　制 | 年　级 | 一年级 | 二年级 | 三年级 | 四年级 | 总学时 |
| --- | --- | --- | --- | --- | --- | --- |
| 三年制初中 | 周学时 | 2 | 2 | 2 |  |  |
|  | 总学时 | 68 | 68 | 64 |  | 200 |
| 四年制初中 | 周学时 | 2 | 2 | 2 | 2 |  |
|  | 总学时 | 68 | 68 | 68 | 64 | 268 |

图 1-17　九年义务教育全日制初级中学劳动技术课教学时间安排

这一阶段劳动教育的实施途径主要有四种：一是穿插教授。任课教师在授课时，将劳动教育课程内容融合到所授的课程中，把劳动教育课程与其他课程穿插、渗透、融合。二是参加公益活动。任课教师定期带领学生做一些简单的社会公益活动，清除校园杂草、打扫教室卫生，或带领学生帮助烈士军属和老弱病残等来进行劳动教育。三是生产劳动。学生通过定期到校办工厂和农场进行辅助劳动，了解简单的生产劳动知识，达到理论和劳动实践相结合的目的。四是开设专门的手工艺课程。这种课程主要在小学阶段开设，以培养学生动手能力为主，通过小游戏、简单的劳动等活动内容，培养学生个人良好的卫生习惯和行为习惯，引导其形成个人饱满的人格。

图 1-18　老师带领小学生清除校园杂草

## 五、劳动教育改革阶段（2000~2011）

新世纪以来，我国的教育事业进行了一次规模宏大的课程改革，旨在培养德智体美劳全面发展的社会主义建设者和接班人。在新课程改革的背景下，学校对培养人才有了全新的定位，将培养学生的实践能力和创新能力作为主要目标。同时，引导学生养成良好的道德品质，形成正确的人生观、价值观，进而促进学生的全面发展。

### 政策链接

"加强劳动教育，积极组织中小学生参加力所能及的社会公益劳动，培养学生热爱劳动、热爱劳动人民的情感，掌握一定的劳动技能。"

——2001年5月《国务院关于基础教育改革与发展的决定》

图 1-19　综合实践课教室

进入新世纪以来，在全球化和信息化的影响下，为了让学生更为全面地适应现代生产和现代科技的发展，学校更加注重学生对劳动技术知识的掌握。小学的课程设置中，劳动教育课多是贯穿于《品德与社会》和《综合实践活动》等科目中进行。初中阶段将"综合实践活动"课程设置为必修课程，教学内容主要有信息技术教育、研究性学习、社区服务、社会实践、劳动技术教育等五个方面。大学阶段注重专业学习与社会服务、勤工助学、劳动实践相结合，着力培养大学生的劳动观念和职业道德。

## 活动与交流

一、活动目标

引导学生深刻理解劳动教育的重要意义

二、活动时间

建议15分钟

三、活动流程

1. 教师出示以下阅读材料，并提问：结合实际谈谈造成以下现象的原因和对策。

**中国和美国家庭孩子的家务清单**

美国家庭的孩子：

2~3岁，扔垃圾，整理玩具；3~4岁，自己刷牙，浇花，喂宠物；4~5岁，铺床，摆餐具；5~6岁，擦桌子，收拾房间；6~7岁，洗碗盘，独自打扫房间；7~12岁，做简单的饭菜，清理卫生间，会使用洗衣机；13岁后，换灯泡，擦玻璃，清理冰箱、炉台、烤箱，做饭，修理草坪……

中国家庭的孩子：

2~3岁，背唐诗；3~4岁，参加各种艺术才能培训；4~5岁，参加多种艺术才能培训；5~6岁，参加各种艺术才能培训；6~7岁，忙于学习、作业、艺术培训；7~12岁，忙于培训、学习、作业；13岁后，忙于学习、作业、奥数、艺术培训……

相关调查表明，我国小学生每天的劳动时间只有12分钟，普遍有自理能力缺失、劳动意识薄弱的问题。而美国小学生每天的劳动时间平均72分钟，韩国平均每天42分钟。调查认为，中国孩子现在自理能力缺失，对于劳动的意识淡薄。对此，有些家长表示：不是孩子不爱劳动，而是孩子没有时间劳动，也不会劳动。

2. 将学生分为4~6个人的活动小组，通过小组内部讨论形成小组观点。

3. 每个小组选出1名代表陈述本组的意见。

4. 教师进行归纳分析，引导学生深刻认识开展劳动教育的重要性。

## 课后思考

你认为大学生开展劳动教育具有什么意义？请举例说明。

## 牛刀小试

一、单选题

1. 提出"劳动是整个人类生活的第一个基本条件"的哲学家是（　　）
   A. 马克思　　　　B. 恩格斯　　　　C. 亚当·斯密　　　　D. 费尔巴哈

2. 我国劳动教育的探索创新阶段是指（　　）
   A. 1949~1956 年　　　　　　　B. 1957~1965 年
   C. 1978~20 世纪末　　　　　　D. 2000~2011 年

3. （　　）是人类创造物质财富和精神财富的活动，是人类得以生存和发展的基础。
   A. 生活　　　　B. 劳动　　　　C. 职业　　　　D. 生产

4. 2019 年当选"100 位新中国成立以来感动中国人物"之一的"铁人"是（　　），他留下的"铁人精神""大庆精神"成为我国社会主义建设事业的宝贵财富。
   A. 李顺达　　　　B. 时传祥　　　　C. 张秉贵　　　　D. 王进喜

5. "手工劳动课"主要在（　　）增设，主要包括科学实验、教具制造、体育用具制造及手工雕刻等。
   A. 幼儿园　　　　B. 小学　　　　C. 中学　　　　D. 大学

6. 1982 年颁布的（　　）中将爱劳动作为公民公德要求提出。
   A.《中华人民共和国宪法》　　　　B.《中华人民共和国劳动法》
   C.《中华人民共和国教育法》　　　　D.《中华人民共和国民法典》

7. 下列是哪位领导人指出："人世间的一切幸福都需要靠辛勤劳动来创造"？（　　）
   A. 邓小平　　　　B. 江泽民　　　　C. 胡锦涛　　　　D. 习近平

8. 劳动创造了人和人类生存所必需的全部（　　）条件和精神条件。
   A. 物质　　　　B. 生活　　　　C. 生存　　　　D. 社会

9. 社会发展的最终决定力量是（　　）
   A. 精神　　　　B. 意志　　　　C. 神灵　　　　D. 人的劳动实践

10. 马克思在《资本论》中指出："生产劳动同智育和（　　）相结合，不仅是提高社会生产的一种方法，而且是造就全面发展的人的唯一方法。"
    A. 德育　　　　B. 体育　　　　C. 美育　　　　D. 劳育

二、多选题

1. 以下属于"五爱"教育的是（　　）
   A. 爱祖国　　　　B. 爱劳动　　　　C. 爱科学　　　　D. 爱和平

2. 在我国劳动教育的探索创新阶段，劳动教育的实现途径主要有：(　　)

A. 参加公益活动　　　　　　B. 生产劳动

C. 穿插教授　　　　　　　　D. 开设专门的手工艺课程

3. 新时代劳动教育要大力弘扬（　　）

A. 劳动精神　　B. 劳模精神　　C. 奉献精神　　D. 工匠精神

4. 马克思通过深入研究和精湛阐发劳动及其规律，运用劳动这把"理解全部社会史的锁钥"（　　）

A. 认识自我　　B. 认识人类　　C. 认识历史　　D. 认识世界

5. 大学阶段注重专业学习与（　　）相结合，着力培养大学生的劳动观念和职业道德。

A. 社会服务　　B. 勤工助学　　C. 劳动实践　　D. 生产劳动

三、判断题

1. 马克思指出："人的本质并不是单个人所固有的抽象物，在其现实性上，它是一切社会关系的综合。"（　　）

2. 劳动教育可以让大学生立足实践、认识世界、探索真理、不断完善自己。（　　）

3. 进入新世纪以来，学校更加注重学生对劳动技术知识的掌握，中学的课程设置中，劳动教育课多是贯穿于《思想品德与社会》和《综合实践活动》等科目中进行。（　　）

4. 人类在劳动过程中，一方面同自然界发生关系，另一方面在人们之间又结成生产关系。（　　）

5. 在我国劳动教育的初步发展阶段，毛泽东等国家领导人高度重视劳动教育问题，劳动教育已经正确把握马克思主义关于教育与生产劳动相结合的原则。（　　）

**参考答案**

# 第二章　新时代劳动教育新发展

> **导读**
>
> "人民创造历史，劳动开创未来。"时代在劳动的开创中不断发生变化，而中国也在继往开来的改革浪潮中迎来了一个新时代。党的十九大报告指出，中国特色社会主义已经进入新时代，而当前的社会主要矛盾也发生了转变，随着经济社会的快速发展，人民对美好生活的向往也日益提高。而满足人民美好需要，解决不平衡、不充分的发展问题，就要通过脚踏实地的劳动。习近平总书记曾深刻地谈到："幸福不会从天降，美好生活靠劳动创造。"当前中国处于最好的发展时期，中国人民在中国共产党的领导下正在为民族振兴而团结一致全力奋斗。正是因为劳动，第一个"一百年"的奋斗目标已经实现。站在向第二个百年奋斗目标进军的关键时刻，党的二十大擘画了中华民族伟大复兴的新蓝图，指引我们迈上全面建设社会主义现代化国家新征程。未来的发展必须依靠社会主义的建设者和接班人脚踏实地的劳动去实现，所以在社会教育中推行劳动教育至关重要，它是中国特色社会主义教育制度的重要内容，直接决定着社会主义建设者和接班人的劳动精神面貌、劳动价值取向和劳动技能水平。新时代又赋予了劳动教育新的内涵，这不仅完善和丰富了马克思的劳动思想，是马克思劳动思想在新时代中国化的重要成果。而且它还有利于激发劳动热情，调动劳动者的积极性，构建新型和谐的劳动关系。通过劳动教育，在全社会弘扬劳动精神，推动全社会形成尊重劳动、劳动光荣的良好风尚，以卓越的劳动创造铸就通往美好明天的路基。开启新征程，扬帆再出发！

## 第一节　新时代劳动教育观的基本内涵

### 案例导入：操作台上的极限挑战

2020年11月24日，全国劳动模范和先进工作者表彰大会在京举行。吉林石化炼油厂加氢一车间操作工李艳，获得了"全国劳动模范"的荣誉称号。

1996年，李艳从吉林化工技校毕业来到吉林石化公司炼油厂加氢裂化车间工作，现在是炼油厂加氢一车间的一名操作工。她用二十余年的时间，精通了5个岗位操作，掌握了2套装置工艺技术，成为装置首席操作员。她连续5000天安全操作无差错，平稳率达到100%，为国家生产高等级清洁油品做出了重要贡献。

化工生产一线倒班二十多年，李艳潜心钻研技能，达到了"一岗精、多岗通"。她所在的加氢裂化装置是吉化公司当时唯一的一套高压临氢装置，加氢裂化装置大大小小塔罐就有30多个，其中最高的塔50多米。李艳天天"泡"在现场，走遍装置的角角落落，爬遍装置所有的高塔，把装置的一点一滴都记在本子上。她平时摘抄的笔记本摞起来就有一尺多高。她熟练掌握了2套现代化生产装置、5个岗位的操作技能，对需要监控的77台机泵设备、208个控制点全部烂熟于心。

李艳潜心钻研，总结提炼了四勤、五看、三到位的"453工作法"。她创造的"李艳工作法"突破了0.01%操作平稳率的极限。在每年的3000多次操作中，准确率都达到了100%。

习近平总书记强调，光荣属于劳动者，幸福属于劳动者。社会主义是干出来的，新时代是奋斗出来的。立足新发展阶段，贯彻新发展理念，构建新发展格局，推动高质量发展，必须紧紧依靠如李艳一般千千万万的工人阶级和广大劳动群众。十八大以来，习近平总书记立足于新时代历史方位，着眼于实现中华民族伟大复兴的中国梦，对劳动和劳动教育作出了一系列重要论述，形成了新时代劳动教育观。

### 一、坚持德智体美劳"五育并举"

针对当前教育中存在重视知识教育、轻视品德培养、忽视体育锻炼和审美教育、缺乏劳动教育的问题，2018年习近平总书记在全国教育大会上的讲话中提出："培养德智体美劳全面发展的社会主义建设者和接班人，加快推进教育现代化、建设教育强国、办好人民满意的教育"。这是新中国成立以来首次明确提出把德智体美劳视为一个整体。2022年，习近平总书记在党的二十大报告中明确提出："我们要办好人民满意的教育,全面贯彻党的教育方针,落实立德树人根本任务,培养德智体美劳全面发展的社会主义建设者和接班人"。这是新时代十年来劳动教育第一次写进党代会的报告。"五育并举"就是要把劳动教育全面渗透于道德修养、科技知识、人文素养、健全人格、健康心理、强健体魄、审美情趣、自觉劳动等诸方面。"五育并举"的教育方针,标志着我们党对马克思主义"人的全面发展"思想的认识达到了一个新的阶段。

### 拓展阅读:马克思关于人的全面发展

人的全面发展是马克思主义最高的价值理想。马克思认为,人的全面发展主要是人的劳动活动、劳动能力、社会关系、自由个性和人类整体的全面发展,其中,最核心的科学内涵则是人的能力全面发展、人的社会关系全面发展、人的个性全面发展。

人的全面发展思想贯穿了马克思的一生。早在17岁时马克思就表现出了要成为"完美的人"的追求,他在中学毕业论文《青年在选择职业时的考虑》中写到,青年做职业选择时的重要指针是对"人类的幸福和我们自身的完美"的追求。他认为,如果一个人的劳动只是为了自己,也许会在某一领域成为有重要影响力的人,但是不能成为"伟大人物","只有为同时代的人完美、为他们的幸福而工作,才能使自己也达到完美"。

图 2-1　青年马克思

"五育并举"教育方针,第一次正式把劳动教育纳入人才培养目标,将以往的"教育与生产劳动相结合""教育与社会实践相结合"转变为"劳动教育"。在新时代,劳动教育成为了与德智体美并列的基础性教育,与德智体美四育互为一体,相互依存、相互渗透、相得益彰。新时代劳动教育是实现五育融合的一个重要基础，要在劳育中渗透五育、落实五育；在"五育"中认识劳育、把握劳育、实现劳育。新时代劳动教育具有价值观教育、社会观教育、时代观教育、审美观教育等独特教育价值，具有"以劳树德、以劳增智、以劳强体、以劳育美"的育人实效。

## 二、落实全面发展的劳动教育目标

习近平总书记指出："要在学生中弘扬劳动精神，教育引导学生崇尚劳动、尊重劳动，懂得劳动最光荣、劳动最崇高、劳动最伟大、劳动最美丽的道理，长大后能够辛勤劳动、诚实劳动、创造性劳动。"这一论述明确了新时代劳动教育的目标。

新时代劳动教育最基本的就是要让学生形成热爱劳动、尊重劳动、崇尚劳动的观念。生活靠劳动创造，人生也靠劳动创造。崇尚劳动是中华民族的传统美德，只有享受到劳动的美好，才是完整的人生。劳动教育要让青年一代懂得我们所取得的一切成果都是通过劳动干出来的。新时代劳动教育要引导学生认清劳动的本质，懂得劳动的价值，树立"劳动最光荣、劳动最崇高、劳动最伟大、劳动最美丽"的劳动价值观。

**拓展阅读：崇尚劳动是中华民族的传统美德**

明朝嘉靖年间两浙转运使史桂芳写的《与言儿稽孙》中专门讲劳动与培养品德情操的关系。"陶侃运甓，自谓习劳，盖有难以直语人者。劳则善心生，养德养身咸在焉；逸则妄念生，丧德丧生咸在焉。吾命言儿稽孙，不外一'劳'字，言劳耕稼，稽劳书史，汝父子其图之！"史桂芳以陶侃为了激励斗志、每天坚持运砖的事例，说明劳动则"善心生"，劳动既锻炼了身体，又能"养德"；不劳动则"妄念生"，就"丧德"。

图 2-2 爱劳动是美德

新时代劳动教育要大力弘扬劳模精神、劳动精神和工匠精神。人民创造历史，劳动开创未来。从"铁人精神""红旗渠精神"到"载人航天精神"，再到"抗疫精神"，正是广大劳动者手不停歇、脚不停步、真抓实干、无私奉献，才成就了今日中国的大好发展局面。党的二十大报告中指出："在全社会弘扬劳动精神、奋斗精神、奉献精神、创造精神、勤俭节约精神。"新时代劳动教育要大力弘扬爱岗敬业、争创一流、艰苦奋斗、勇于创新、淡泊名利、甘于奉献的劳模精神，崇尚劳动、热爱劳动、辛勤劳动、诚实劳动的劳动精神，执着专注、精益求精、一丝不苟、追求卓越的工匠精神。新时代劳动教育引导青年一代劳动者用劳动模范和先进工作者的崇高精神和高尚品格鞭策自己，焕发劳动热情，厚植工匠文化，恪守职业道德，学先进赶先进，自觉践行社会主义核心价值观。

## 拓展阅读

### 红旗渠精神

1960 年，巍巍太行山下，开始了一场浩大的传奇工程——建造红旗渠。在那个物资匮乏、技术落后的年代里，林州人民凭借着"立下愚公移山志，决心劈开太行山"的劲头，绝壁穿石，挖渠千里，凭着自己的双手，在太行山上开凿出了一条蜿蜒曲折的希望之渠，于悬崖峭壁上汇聚起幸福之水，实现了当地人世世代代的梦想，用血汗换来了红旗渠汩汩而流的甘泉。同时，他们也将"顽强奋斗、自强不息"的精神之旗插在了太行山巅。

图 2-3　红旗渠

### 载人航天精神

从首次实现载人航天飞行，到完成太空行走；从把"玉兔号"送上月球，到顺利完成月壤采集的"嫦娥五号"，中国人在追梦太空的道路上，创造了一个又一个的辉煌奇迹。但当时仅追溯到五十多年前的时代，我国准备执行首个载人航天计划，却因各方面条件不成熟而不得不放弃，航天大国"俱乐部"里，也根本没有我们的席位。而中国几代航天人硬是凭着"不服输"的一股劲，埋头苦干，不畏难、不气馁，逢山开路，遇水架桥，把困难踩在脚下，突破道道难关，这才有了今天的航天圆梦。

图2-4 中国航天员科研训练中心

**抗疫精神**

在抗击新冠肺炎的过程中，中国人民和中华民族以敢于斗争、敢于胜利的大无畏气概，铸就了生命至上、举国同心、舍生忘死、尊重科学、命运与共的伟大抗疫精神。正是在这种抗疫精神的引领下，我们取得了抗击新冠肺炎疫情斗争重大战略成果，创造了人类同疾病斗争史上又一个英勇壮举，并取得了经济社会尽快复苏发展的巨大成就。

新时代劳动教育强调培养劳动品质。作为新时代的劳动者，要以辛勤劳动为荣、以好逸恶劳为耻，要培养辛勤劳动、诚实劳动、创造劳动的品质，在劳动中创造美好生活、实现美好梦想。人生在勤，勤则不匮。新时代劳动教育要培养埋头苦干、吃苦耐劳、艰苦奋斗的辛勤劳动的优秀品质。习近平总书记明确指出："人世间的美好梦想，只有通过诚实劳动才能实现；发展中的各种难题，只有通过诚实劳动才能破解；生命里的一切辉煌，只有通过诚实劳动才能铸就。"因此，新时代劳动教育要加强实事求是、脚踏实地、真抓实干等诚实劳动品质的教育。创新是一个民族进步的灵魂，是一个国家兴旺发达的不竭动力。惟改革者进，惟创新者强，惟改革创新者胜。新时代劳动教育要注重塑造创新的劳动品质，以"创造最伟大"的价值理念为动力，不断增强创新意识、激发创新激情、释放创造潜能。

## 拓展阅读：王乐义：为诚信做完美注脚

走进"中国蔬菜之乡"山东寿光，随处可见以一个人的名字命名的蔬菜品牌——"乐义"，这个人就是把诚信作为毕生最大追求的王乐义，他用自己的实际行动为诚实守信写下了最好的注脚。

"无论从事什么职业，都要自觉做老实人、说老实话、办老实事。"多年来，王乐义始终把诚信作为立身之本，用诚实劳动获取财富。他常说："我是党支部书记，在三元朱村，我说出来的话、办出来的事就代表党的形象，我诚实做事，群众就相信，党的一级组织就有威信，就有凝聚力。"1989年，他带领三元朱村建起了17个冬暖式大棚，掀起了一场蔬菜种植革命。作为冬暖式蔬菜大棚的创始人，王乐义的名字本身就是一笔很大的无形资产，2001年7月，"乐义"蔬菜在国家工商总局注册。这几年，"乐义"品牌应用到了更多的领域，除了绿色蔬菜，还有复合肥、塑料薄膜等，有的合作单位答应给30%的股份。专家们估算，仅这三大块，这个牌子的价值就过亿元，他就会成为名副其实的大款。但王乐义对乡亲们明确表态，这个分红的钱他一分不拿，因为这个品牌是乡亲们四十多年共同培育的，收益理应属于整个三元朱村。

王乐义不仅自己坚守诚信的理念，他还积极带动他人做诚实守信的模范。2006年，农业税全面取消后，他向全国农民朋友发出了"依法诚信纳税，建设社会主义新农村"的倡议。寿光市绿州农化有限公司经理张金洋是先富起来的一名农民，在刚成立绿州农化有限公司时，由于自己不懂税法，结果，开业不长，税务干部就找上了门，最后还是补缴了5万元的税款和罚金。通过这件事，他深有感触地说："乐义说得对，只有学法、守法、依法诚信纳税才有出路。"

在王乐义的带动下，诚实守信在三元朱村蔚然成风，三元朱村被中央文明委评为全国文明村镇建设工作先进村。王乐义先后被评为全国优秀共产党员、全国劳动模范，并先后当选为中国共产党第十五、十六、十七届全国人民代表大会代表。

### 三、形成家校社联动的劳动教育合力

新时代劳动教育要整合利用各方资源，构建家庭、学校、社会协同的教育共同体，使各单位、各部门、各方面做到各司其职、各守其位、各担其责，形成劳动教育合力。

家庭是劳动教育的最基本途径。家庭是孩子的第一所学校，在劳动教育中发挥着基础性作用。在学生的劳动教育过程中，家庭教育是最基本的途径，它开始于学校劳动教育之前，但不会因为学校劳动教育的结束而终止。父母是孩子的第一任老师，家庭劳动教育在一个人成长和发展过程中起着至关重要的作用。家庭要树立

崇尚劳动的良好家风，家长要通过日常生活的言传身教，让孩子在潜移默化中形成从小尊劳动、会劳动、爱劳动的好习惯，给孩子创造更多劳动的机会和体验，让孩子在劳动中建立对劳动者的尊敬之情和对来之不易的劳动成果的珍惜之情。

### 拓展阅读

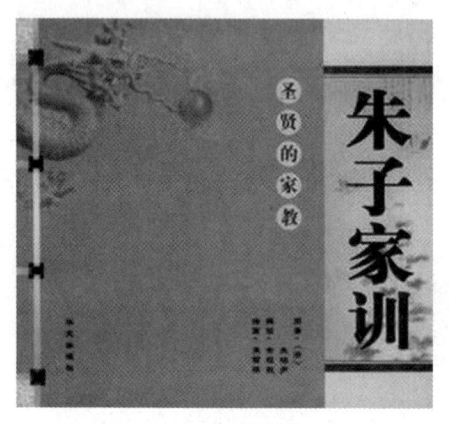

图 2-5 《朱子家训》

### 《朱子家训》

《朱子家训》由清代学者朱伯庐所著，是我国古代著名的家训经典。朱伯庐原名朱用纯，江苏昆山县人，著名理学家、教育家。《朱子家训》中十分注重对孩子的劳动教育，开篇就写道："黎明即起，洒扫庭除，要内外整洁，既昏便息，关锁门户，必亲自检点。"告诫孩子要养成良好的作息习惯，要参加家务劳动，保持生活环境的干净整洁。

### 最美焦门家风"三板斧"之热爱劳动

家庭是社会的基本细胞，是人生的第一所学校，树立良好的家教、培育良好的家风是家庭建设的重要内容。焦裕禄在继承优良传统家教的基础上，特别注重家风建设。焦门家风就像一面镜子，照见社会焦虑浮躁、欲望丛生的同时，让我们感受到一种精神、一种力量，引人深思，催人奋进。焦裕禄之女焦守云女士把其家风归纳为"热爱劳动、艰苦朴素、不搞特殊化"三条，朴实平凡的"三条"构筑了极不平凡的焦门家风"三板斧"，成为全社会广为传颂、备受推崇的家风样板。

"热爱劳动"是焦门家风的第一板斧，是焦家最接地气家风，也是家门家风的大美。焦裕禄是国家干部，始终保持着劳动人民的本色。他常常开襟解怀，挽起裤腿，和群众一起劳动。焦裕禄常告诫家人：不能不劳而获，自己的事情自己做。焦裕禄有一点儿功夫就领着他的儿女们去劳动，经常带着他们种瓜种豆、拾麦穗、参加秋收。他让儿女们懂得劳动的艰辛，在劳动中感受快乐，通过劳动自给自足，不求他人。他还经常告诫干部：新干部不参加劳动，就不能明确树立阶级观点、群众观点；老干部长期不参加劳动，思想就要起变化，要变颜色。"美德在劳动中产生"，焦裕禄用自己的良好作风带出了良好家风，用良好家风带动了良好党风、政风，把劳动这种美德阐释得生动具体、淋漓尽致。

学校是劳动教育的主要阵地。劳动教育要持续、高效地开展，离不开学校的有序引导。新时代劳动教育要把劳动教育纳入人才培养全过程。学校要将劳动教育全面融入人才培养目标、课程设计、教材体系、课程设置中，形成新的劳动教育体系。学校要开齐开足劳动教育课程，充分发挥课堂主渠道的功能。要结合学生具体学情，探索劳动教育教学规律，创新劳动教育教学，实现劳动教育在课程和活动等方面的有机整合。

社会是劳动教育的延续和拓展。劳动教育要持续发展，不断促进学生劳动素质的全面提高，离不开社会的全力支持和配合。在政府统筹下，充分调动社会力量，发挥区域资源优势，对劳动资源进行整合、合并、重组，以充足的社会劳动资源支撑和保障育人目标的实现。全社会要努力营造一种人人爱劳动、劳动最光荣等良好的氛围，并大力树立杰出劳动者的榜样典型，尤其是身边的人物事迹，从而达到情感上的共鸣。企业、社区、企事业单位等社会各相关行业要支持劳动教育基地建设，建立健全劳动教育资源共享机制，搭建劳动教育平台，为劳动教育提供有力的支持。

图 2-6 劳动教育列为必修课程

## 活动与交流

一、活动目标

了解当代大学生群体劳动价值观现状，引导大学生树立正确的劳动价值观。

二、活动对象

在校大学生。

三、活动流程

1. 扫描二维码，填写调查问卷。

图2-7 大学生劳动价值观调查问卷

2. 集体讨论，理性分析问卷结果。

3. 教师点评总结，引导学生树立正确劳动价值观。

**课后思考**

你认为培育劳动价值观具有什么意义？请结合自身实践说明。

# 第二节 新时代劳动教育观的时代价值

**案例导入：洪海涛：导弹点火"把关人"**

发射导弹时，最牵动人心的莫过于发射前点火的瞬间，它直接决定着导弹发射的成败，而洪海涛就是一位常年打磨导弹点火器的高级技师。

导弹发射时，点火一瞬间迸发出巨大的能量，而控制这巨大能量的总开关是一个只有拳头大小的点火器，洪海涛要打磨的就是火器上的小孔——点火孔。点火孔空间狭小，只能容下一颗黄豆粒。洪海涛说，点火孔空间非常小，里边的贴合面必须达到95%以上，才能保证正常点火。而要实现95%以上的贴合度，就要把点火孔表面高低差控制在0.01毫米内。一旦误差超过0.01毫米，点火器就不能正常作业，该点火时点不着，不该点火时可能会因静电摩擦而自动点火。这样的精度靠什么保证？又要达到什么程度？洪海涛表示，依靠他的眼力和手感，最后达到百分之百与机器测量度吻合的标准。

事实上，再硬的材料打磨成0.01毫米的薄壁都会软化变形，如何才能实现软工硬做，洪海涛从一次打生鸡蛋的过程中找到灵感。他发现，在蛋壳和蛋清之间的这层薄膜，与点火孔的打磨空间极其相似，于是在一次全厂职工技能大赛中，洪海涛勇敢地挑战自己，在这台打磨导弹部件的机床上切起了生鸡蛋。这一次，他挑战成功了，蛋壳轻松切掉，薄膜丝毫未损，蛋清一滴未漏。

车床已经成为洪海涛身体的一部分。从业二十多年，他在车间的时间比在家里的时间要多，他对工作的标准比对生活的标准要高，他用笨功夫练出巧手艺，而且还在不断地追求极致与创新。从他身上我们看到的是一代又一代航天人的坚守与奉献，看到的是祖国航天事业的希望与未来。

## 一、增强新时代学生对劳动的正确理解

在经济全球化和信息化时代背景下，树立正确的劳动观，对学生进行劳动教育，有利于纠正学生唯分数、唯学历的错误观念，纠正当前分数至上的教育观念，纠正重脑力轻体力、重知识轻劳动、重理论轻实践的观念，引导当代学生重视劳动教育。

当前，我国正处于全面深化改革的攻坚期，在这一时期中，社会矛盾多发，社会问题集中呈现出来，思想文化领域的竞争日益频繁，价值观等意识形态领域的斗争也越来越尖锐。在这种形式下，传统的劳动理论在一定程度上不被重视，个人主义、功利主义、拜金主义等不良思潮对我们国家、社会和个人产生严重的冲击和影响。有些人陷入不劳而获、一夜暴富的错误想法中，而这些问题的出现可以归因于我们当前对劳动价值的理解出现了偏差，因此，学习劳动理论、树立正确劳动价值观是增强新时代学生正确理解劳动的重要举措。

对当代学生进行劳动教育，有助于引导学生明确每一次社会兴替都是由劳动技术的革新推动的。中华文明历经千年，经久不衰，创造出绚烂的民族文化和辉煌的民族历史，其皆应归功于劳动。全面建成小康社会，建成富强、民主、文明、和谐、美丽的社会主义现代化国家，根本上要依靠劳动者和劳动来创造。习近平总书记指出："正是因为劳动，我们才有了今日的辉煌，而来日的坦途，依然要靠踏踏实实的劳动。"新时代劳动价值观围绕劳动、劳动者、劳动精神等内容进行详细解读与阐述，这为我国由制造大国向制造强国的转变做出了具有理论价值和实践价值的巨大贡献，对我国劳动群体的发展有划时代的意义，更为实现中华民族伟大复兴的中国梦凝聚力量。

### 拓展阅读：李大钊的"五一"情怀

我觉得人生求乐的方法，最好莫过于尊重劳动。一切乐境，都可由劳动得来，一切苦境，都可由劳动解脱。

——李大钊

**图 2-8 李大钊**

1886年5月1日，芝加哥20多万名工人为争取实行八小时工作制而举行了大罢工。为纪念这次伟大的工人运动，1889年7月，恩格斯组织召开的第二国际成立大会上宣布将每年的五月一日定为国际劳动节。20世纪初，苦难中的中国劳动人民对这个属于自己的节日也给予了极大的关注。

中国人民庆祝国际劳动节是从李大钊开始的。1919年5月1日，李大钊帮助《晨报》副刊出版了"劳动节纪念专号"，这是中国报纸上第一次纪念世界劳动人民自己的节日。1920年的五一劳动节，《新青年》出版了"劳动节纪念号"，李大钊又发表了《"五一"MayDay运动史》，并作为该期杂志的发刊词。这篇文章介绍了国际劳动节的由来及欧美工人为实现八小时工作制的斗争史，并希望中国工人也把"五一"看成是一个觉醒的日子。除了热情讴歌国际劳动节的伟大意义，李大钊还亲自领导了1920年北京五一节的纪念活动。

1921年"五一"前夕，在李大钊的亲自指导下，工人们举行了各种纪念活动。劳动补习学校的教员和北京大学的进步学生还共同创编了《五一纪念歌》："美哉自由，世界明星，拼吾热血，为他牺牲，要把强权制度一切扫除净，记取五月一日之良辰。红旗飞舞，走光明路，各尽所能，各取所需，不分贫富贵贱，责任唯互助，愿大家努力齐进取。"李大钊热心地组织会唱歌的教员和学生教工人们学唱。这首歌以其振奋人心的歌词和雄壮的旋律，极大地鼓舞着工人。5月1日，长辛店一千余名工人举行了纪念五一劳动节的群众大会，会后进行了示威游行，并成立了工会组织。

1922年的五一节，李大钊在北京学生和工人代表参加的纪念会上作了题为《五一劳动节于今天中国劳动界的意义》的演讲，其中有一段极其精彩的话："五一是工人的日子，是工人为八小时工作运动奋斗而得胜利的日子，是工人站起的日子，是工人扩张团结精进奋战的日子，不是工人欢欣鼓舞点缀升平的日子。在我们中国今日的劳动界，尤其应该令这个日子含有严重的意义，尤其应该不令这个日子毫无意义地粉饰过去。"当时，一些资产阶级、小资产阶级人士把五一劳动节当成一种时髦来庆祝，实际上是在模糊阶级界限、调和斗争、粉饰太平。李大钊尖锐地指出："五一是工人的日子，是各国工人表示态度的一日——表示奋斗的态度的一日。"李大钊针对当时的实际，提出了"反对国际军阀财阀的压迫""改善工人境遇""八小时工作"等作为工人阶级的斗争口号，号召工人们为其实现而奋斗。就这样，李大钊在党成立前后，利用节日纪念等形式，在工人群众中做了大量的工作，积极利用纪念活动启发工人阶级的觉悟，推进了工人运动和其他革命运动的发展。

现在，"五一"劳动节已经成为我国的法定节假日，我们在享受假期的同时也要向劳动者致敬，弘扬新时代劳动精神，争做新时代劳动者。

## 二、促进学生个性全面和谐发展

马克思指出,"未来教育对所有已满一定年龄的儿童来说,就是生产劳动同智育和体育相结合,它不仅是提高社会生产的一种方法,而且是造就全面发展的人的唯一方法"。苏霍姆林斯基继承和发展了马克思主义关于劳动与教育相结合的思想,他认为:"脱离劳动,没有劳动,就没有也不可能有教育""对年轻一代进行劳动教育是学校的重要任务""劳动教育是对年轻一代参加社会生产的实际训练,同时也是德育、智育和美育的重要因素"。可以看到,两位著名的思想家和学者都早已对劳动针对人们所产生的价值尤其是青年学生们产生的重要作用做了比较详细的解释。我们知道,教育是实现人的个性和谐全面发展的途径,其中全面是指在德智体美诸方面都得到发展,不出现欠缺。对职业院校学生进行劳动教育,有助于学生在劳动教育中获得个性的全面和谐发展,例如劳动教育中培养学生劳动观念、珍惜劳动成果、热爱人民的情感、反对奢侈浪费等意识。劳动教育可以强化这些道德认识能力,实现道德认识向道德行为和习惯的转化;同时接受劳动教育,培养新时代劳动观,可以在劳动具体过程中激发人的大脑和学习兴趣,从而促进智育发展;另外劳动教育在增强体质、传授锻炼身体的知识和技能、磨炼意志力、培养竞争意识和集体荣誉感等方面也有着显著的作用。学生在劳动中可以创造美,可以提高个人的审美能力。

### 拓展阅读:关于劳动快乐的名言

图2-9 休谟:"正是劳动本身构成了你追求的幸福的主要因素,任何不是靠辛勤努力而获得的享受,很快就会变得枯燥无聊,索然无味。"

图2-10 高尔基:"我知道什么是劳动:劳动是世界上一切欢乐和一切美好事情的源泉。""热爱劳动吧。没有一种力量能像劳动,既集体、友爱、自由的劳动的力量那样使人成为伟大和聪明的人。"

图 2-11 乌申斯基:"如果你能成功地选择劳动,并把自己的全部精神灌注到它里面去,那么幸福本身就会找到你。""愉快只是幸福的伴随现象,愉快如果不伴随以劳动,那么它不仅会迅速地失去价值,而且也会迅速使人们的心灵堕落下来。"

图 2-12 歌德:"一个有真正大才能的人却在工作过程中感到最高度的快乐。"

图 2-13 薄伽丘:"经过费力才得到的东西要比不费力就得到的东西更能令人喜爱。一目了然的真理不费力就可以懂,懂了也感到暂时的愉快,但是很快就被遗忘了。"

图 2-14 列夫·托尔斯泰:"人的幸福存在于生活之中,生活存在于劳动之中。"

图 2-15　达芬·奇："劳动一日，可得一夜的安眠；勤劳一生，可得幸福的长眠。"

图 2-16　朗费罗："劳动才能给人以安乐。"

### 三、培养必备的劳动习惯和品质，投身于社会主义建设

在新时代进行劳动教育，鼓励学生通过"出力流汗，接受锻炼、磨炼意志"来形成正确的劳动价值观和良好的劳动品质，能够自觉自愿、认真负责、安全规范、坚持不懈地参与劳动，形成诚实守信、吃苦耐劳的品质。珍惜劳动成果，养成良好的消费习惯，杜绝浪费。

另一方面，新时代劳动教育观把劳动与建设中国特色社会主义相联系，深刻印证了"社会主义是干出来的，新时代也是干出来的""实干才能兴邦"的道理。新时代开展劳动教育，有利于引导学生掌握基本的劳动知识和技能，正确使用常见劳动工具，增强体力、智力和创造力，帮助学生努力练就过硬本领，从而成长为知识型、技能型、创新型的高素质劳动者，担当起社会主义建设重任，做到学思用有机结合，提升能力，为将来走向社会、创造未来奠定基础。

再者，中国特色社会主义的建设离不开每一位劳动者。进行正确的劳动观教育，肯定劳动者对社会主义发展做出的重要贡献，有利于引导广大青年学生志存高远、勇挑重担、踏实苦干、踔厉奋发，让青春在全面建设社会主义现代化国家的火热实践中绽放绚丽之花。

### 拓展阅读：劳动者之歌：在一根钢丝绳上争毫厘

从业 30 多年，贵州钢绳集团公司二分厂职工周家荣从一名学徒成长为国内一流的钢丝绳制造技能大师，并在 2020 年 11 月荣获"全国劳动模范"荣誉称号。

"荣誉的背后是精益求精、一丝不苟的态度。生产航空用绳时，一根钢丝绳有200多根细钢丝，最粗的4毫米，最细的0.2毫米。"周家荣说，0.2毫米的钢丝绳和头发丝差不多粗细，但生产它却肩负着很重的责任，必须精益求精。

"作为一名产业工人，要沉下心来，脚踏实地，一步一个脚印，不能好高骛远。"周家荣说，为了给自己"充电"，他利用业余时间自修大专课程，并主动加强对钢丝绳制造关键设备和关键技术的学习，报名参加公司和分厂组织的高难度、高附加值产品生产工艺技术专题培训，"不断学习，不断成长"成了他的座右铭。周家荣技术过硬、业务精湛，长期负责生产高附加值产品，能娴熟地操作、维护、修理各种机器设备并提供技术指导，被称为企业的"首席专家"。

如今，周家荣参与制作的产品广泛运用于航天、高层建筑、桥梁等领域。他还参与了神八、神九、神十、神十一载人航天相关协作配套任务，参与国防及武器装备建设，主导起草了《一般用途钢丝绳》《飞船用不锈钢丝绳》《压实股钢丝绳》等30多项国家标准、行业标准、军工标准。其中，由他主导起草的国际标准ISO2408《通用钢丝绳技术条件》，通过了国际钢丝绳标准化委员会的专业审查。30多年来，周家荣带出近百名徒弟，其中不少是贵州省"技术能手"和遵义市"金牌工人"。国家级周家荣技能大师工作室成立以来，为公司培养了一大批技术骨干。

## 四、增强劳动法律意识，维护自身合法权益

掌握劳动方面的法律法规是学生能够顺利进入职场的保证，劳动教育法律方面的知识能够让学生对相关法律法规有充分的认识，在具体实践中确保自身的合法权益不受损害。

学生踏入职场后，在签订劳动合同方面，《劳动合同法》规定，企业应当自用工之日起一个月内与劳动者签订书面的劳动合同，未签订书面合同的将面临赔偿责任。《劳动合同法实施条例》中规定"用人单位自用工之日起超过一个月不满一年未与劳动者订立书面合同的，应当依照相关规定向劳动者每月支付两倍的工资，并与劳动者补订劳动合同"等，这些劳动法律知识的获得，能够有效保障劳动者自身的合法权益；另外，劳动合同在订立过程中，接受了系统、全面劳动法教育的学生，更能明确订立劳动合同应遵守的原则、应注意的事项；再次，学习劳动法律知识，在劳动合同履行、变更、解除与终止，甚至劳动争议发生时，学生能够用法律捍卫自身的合法权利，例如常见的劳动争议处理方式就有协商解决，如果不愿协商或协商不成的，可以申请调解；不愿调解或调解不成的，可以申请仲裁；对仲裁裁决不服的可以向人民法院起诉。所有这些劳动法律知识的教育与学习，都能够帮助学生科学地处理劳动关系，切实维护自身合法权益。

## 拓展阅读：大学生就业纠纷与维权案例及相关法条

图 2-17 《中华人民共和国劳动合同法》封面

每年临近毕业时，大四毕业生就开始忙着找工作，参加一轮又一轮的招聘会。招聘会中鱼龙混杂，可以说是机遇与陷阱并存。据调查，有七成求职者曾落入就业陷阱。以下将介绍几种常见的就业陷阱，希望能给初涉职场者以帮助。

图 2-18 网络招聘陷阱

**陷阱一：骗取劳动力**

有的公司纯粹出于节约劳动力成本的打算而招取工作人员，在试用期后又将其辞退。有些企业在招聘时，并不明确告知试用期，试用期的工资往往很低，企业承诺转正后工资会大幅度上涨。但是，试用期即将结束时，企业便以各种理由炒求职者的"鱿鱼"。

**专家建议**：在确定去这家公司之前，最

图 2-19 高薪诚聘陷阱

好找到该公司的员工打听消息，询问具体的工作情况。如果已经去了公司，更应该主动地多和同事交流这些情况，及时采取措施避免做"冤大头"。如果同一单位在短时间内连续刊登相同的招聘广告，说明该企业招聘的人数多且急，求职成功的可能性较大。若一个单位数周后再次刊登同样的广告，说明该单位可能在用人方面存在一定问题。

另一种骗取劳动力的方式则是粉饰招聘岗位，提供不实的招聘信息。招聘单位在招聘广告上把职位写成是"市场总监""保险事业部经理"，结果入职后，应聘者却发现其实是去做"业务员""保险代理员"等。有的单位也会以"到基层先锻炼锻炼"为幌子，欺骗求职者，使他们继续工作下去。

**专家建议**：在求职的时候要搞清楚职位的具体内容，仔细分析并询问工作细节。某些用人单位提供的虚而不实的职位，常常冠以好听的头衔，但是却强调无需经验，这里面肯定大有文章。有一些招聘单位虽在招聘广告中列出要招聘的多种职位，但其实这些职位大都是做业务的，甚至是没有底薪的业务。

**陷阱二：不签订就业协议书**

2012年，某大学10名学生集体到广西的一家民营企业做食品检验工作。当时该企业给学生的口头承诺是：月薪4000元，外加年终分红；工作满一年，分房；工作满三年，配车。所有人都认为这几个学生遇到了天上掉馅饼的好事，这10人在没有和该企业签订任何的书面合同的情况下就去了广西。到了广西之后，急于求成的他们草率地与该企业签订了工作合同。

一个月之后，所有人都大呼上当。他们的月薪确实是定在了4000元，但是在工作中却经常遇到"霸王条款"。例如，迟到一次罚款500元；在食堂吃饭，剩饭、剩菜罚款100元。结果，一个月工作下来，扣掉各种罚款，实际发到手里却只有可怜的三四百元钱。学生集体反抗，说要辞职不干了，该企业拿出工作合同，要求每个学生交8000元的违约金。学生认为这与企业当初的口头承诺不符，该企业却让学生提供相关证据，众学生木然。

**专家建议**：就业协议书是转递毕业生人事关系的依据，如果不签订该协议，毕业生的人事档案、户籍等人事关系就无法转入工作单位及所在城市。而这些关系的办理涉及毕业生切身利益，如办理社会保险、购买经济适用房、评审职称等。因此，单位不与毕业生签订就业协议书，对毕业生的工作、生

图2-20　招聘信息陷阱

活、职业发展是不利的。毕业生应主动要求单位解决这些问题，并可通过当地的人才交流中心协助办理人事档案、户口等关系的接收。在招聘环节就应该多加注意，求职者在与用人单位洽谈时，要大胆地和用人单位商谈有关工资、保险等相关内容，洽谈成功后，一定要和他们签订具有法律效用的书面合同，与用工单位签订用工合同，对双方权、责、利等有所规定；对一些远期承诺也应写进合同中，合同可办理公正手续；签订正式工作合同时，要注意条款的设置，切勿签订"霸王条款"。

**相关法条**：《劳动合同法》第十条  建立劳动关系，应当订立书面劳动合同。已建立劳动关系，未同时订立书面劳动合同的，应当自用工之日起一个月内订立书面劳动合同。用人单位与劳动者在用工前订立劳动合同的，劳动关系自用工之日起建立。劳动者要积极为自己争取权利，在法律相对完备的情况下，求职者要大胆主张，争取劳动者应得的法益。因为合同是劳动者的保障，是对合同双方中较为弱势一方保护的依据，所以应该得到特别的重视，求职者要大胆商谈。

**陷阱三：以招聘为借口骗取财物**

大专毕业的小杨，在网上看到正在招聘"UI设计助理"。招聘人员和小杨说经过三个月的实习期后就能推荐到阿里、腾讯等大公司就业，承诺100%就业，但是实习期需要接受专业的UI培训，而两万元的培训费用是由小杨自己承担。招聘人员推荐了一款可以分期贷款的APP，小杨经不住UI设计的前景和到大公司工作机会的诱惑，分期贷款支付了三个月的培训

图2-21  网络招聘陷阱

费用。三个月实习期后，该企业却用"专业水平不过关""面试未通过"等理由搪塞他，让小杨自己出去找工作。小杨不仅没有到梦寐以求的大厂工作，还背上了几万块的贷款。

**专家建议**：网络上不乏以百分之百介绍工作的名义来收取高额的培训费的招聘公司，根据我国现有的法律法规，如果企业要求员工在上岗前提交保证金或者培训费用，员工应该予以坚决拒绝。因为这些要求都是违法的。

其实，招聘陷阱种类之多让人防不胜防，除了以上形式外，还有加入违法公司身陷囹圄、虚假招聘盗取求职者信息、黑中介和空壳公司勾结诈骗求职者等。毕业生在求职时只要适当注意即可，不要相信天上掉馅饼的神话，但遇到好的机遇时就要毫不犹豫地及时出手。避开就业陷阱，每个求职者都能在事业之路上走出一条

优美的弧线。

### 五、树立正确的就业观念

当前学生的就业观存在一些问题，一些学生就业过于理想化，不能正确地认识社会、客观地评价自己，把择业、就业过程简单化、理想化；也有些学生过分重视眼前经济效益和生活条件；还有一些学生的就业观念非常狭窄，他们认为只有找到"公家"的铁饭碗才算就业，认为其他企业不算正式工作。基于这些不正确的就业观念，对他们加强劳动教育是非常有必要的。劳动教育能够引导学生树立能上能下的就业思想；树立跨地区、跨行业、跨所有制甚至跨国界的全方位就业思想；树立先就业再择业、流动就业的思想，打破一步到位、从一而终的就业观；树立创造性就业的思想。只要学生留意观察，具有创造性，择业就业的渠道就会很广。

### 拓展阅读

#### 日积月累的"雄鹰振翅"

1982年8月出生的东航飞行员何超，是一名光荣的中国共产党党员，现为东航上海飞行七部高级飞行技术管理、空客320机型机长教员。2017年先后荣获"民航总局一等功""上海市青年五四奖章标兵""第十一届中国青年志愿者优秀个人""全国民航五一劳动奖章""上海市青年五四奖章标兵"等荣誉称号。2018年获得"全国五一劳动奖章"。2020年获得"全国劳动模范"称号。

作为飞行员，日复一日地操控着手里的一杆一舵；作为教员，谆谆教导着队伍里的年轻飞行员——如果不是2016年那场千钧一发的考验，作为普天下民航工作者中的一员，何超的工作应该就是这样平淡无奇。诚如雪崩的时候没有一片雪花无辜，反观世间一切英雄的高光时刻，无不是基于本人全部阅历、经验、应变、知识、判断、处置和操控能力的总和。普通人之所以能够成为英雄，不过是长久积淀的过人之处的集中爆发。2016年10月11日，何超作为东航MU5643航班执飞机长，在上海虹桥国际机场执行起飞任务的过程中，冷静判断，果断处置，成功避免了一场有相撞风险的双机跑道冲突事件。作为青年一代中的杰出代表，何超深深感恩党和国家为新时代的青年人创造了一个好时代、好环境，感激东航的悉心培养和教诲。面对时代的馈赠，他感到非常荣幸，不但享受到改革开放给自己工作、生活带来的巨大改变，还能立足岗位实际，在改革开放精心描绘的民航发展画卷中增添属于自己浓墨重彩的一笔。

## 卖猪肉没什么不好，两位北大高材生卖猪肉现在身价百亿！

陈生和陆步轩都是北大毕业，都做过公务员，都是下海卖猪肉，现如今两个"卖肉佬"一拍即合，共同开办了"屠夫学校"。陈生有经济头脑，陆步轩有文化知识，由陈生出资办学，陆步轩讲课和编辑教材，内容涉及市场营销学、营养学、礼仪学、烹饪学等学科。这是中国历史上前所未有的猪肉教材。对他们而言，数十万的年薪招聘硕士来卖猪肉已经成家常便饭，他们每一次招聘，都有千余名硕士前来应聘，如今他们公司拥有万余名员工、2000多家门店，双十一网店销售额高达4亿。

先说说陈生。他出生在广东一个贫困山村，家里很穷，考上北京大学后，全村老小给他捐款捐鸡蛋。毕业后，他放弃了公务员职务，毅然决定下海创业。最开始，他想卖鸡的时候却遇到了禽流感，几十万只鸡都死了。2006年，他转农贸市场时发现，市场里有湛江鸡、清远鸡、阳江鸡等品牌，但猪肉却是没有品牌的，于是开始尝试做中高端品牌猪肉。他创立了"天地壹号"和"壹号土猪"两个品牌。不到两年的时间内，在广州开设了近100家猪肉连锁店，营业额达到2个亿，被称为广州"猪肉大王"。从2011年起，陈生在家乡官湖新村投资2亿元建造了258套别墅，以支持家乡新农村建设。

另一位北大高材生就是陆步轩。他比陈生晚四届，北大中文系毕业，曾经的文科状元，后来在小县城里面当了屠夫。1992年，他被迫下海，干过装修，开过超市，挖过金矿，但最终都以失败而告终；他的妻子也和他离了婚。1999年，走投无路的他开了一家猪肉档。现今的陆步轩身价早已过亿，陆续为北京大学捐赠了9亿建设费用。

就业选择在某种程度上是真正的成人礼。每一个选择都值得尊重，每一场青春都应该闪亮。没有颜色不一样的烟火，就不会有绚丽多彩的美妙风景。正如后来北大老校长许智宏所说，北大的学生为什么就不可以做一个普通劳动者，只要他卖猪肉卖得最好、修鞋修得最好、种地种得最好、工人当得最好，哪一样都是我们北大的骄傲。这就是北大人的价值观倾向，就北大精神来说，在任何工作上做出贡献都是给母校增光。

## 最美基层高校毕业生

"最美基层高校毕业生"是中共中央宣传部、人力资源和社会保障部联合表彰的先进人物，旨在树立青春报国、担当奉献的精神楷模，引导大学毕业生到基层和生产一线工作。

2019年，王辉、文竹、代东援等10名大学生被评为"最美基层高校毕业生"。大学毕业后，他们积极响应党和国家号召，扎根基层、奋斗奉献，用实际行动诠释了当代高校毕业生的坚定信念、爱国情怀和使命担当。他们中，有的坚守三尺讲台，耕耘乡村教育沃土；有的驻守边疆海岛，呵护人民群众健康；有的守护绿水青山，践行绿色发展理念；有的带头脱贫攻坚，帮助群众增收致富；有的夯实基层党建，促进民族团结融合；有的扎根服务一线，聚焦破解民生难题。他们是新时代基层高校毕业生的优秀代表，是青春报国、担当奉献的精神楷模，是广大青年人才的杰出榜样。

2021年，杨晓帅、郭慧慧、龚钰犇等20名大学生被评为"最美基层高校毕业生"，他们围绕学习贯彻"志存高远、脚踏实地，不畏艰难险阻，勇担时代使命"的要求，在基层奉献、成长成才、至诚报国。

## 活动与交流

一、活动目标

引导学生深刻理解新时代劳动价值观的内涵和价值。

二、活动时间

课下一周的准备时间+两学时课堂时间。

三、活动流程

1. 教师提出课下的准备活动和要求。

**主题："讴歌劳动美　礼赞抗疫行"**

微作品征集，题材不限，可以是韵律悠扬的诗歌，或者是构图精美的海报，或者是天马行空的vlog视频，围绕主题，分组创作，要求原创。

2. 课堂上学生分组展示自己的作品，阐释自己心中的新时代劳动精神。

3. 教师进行归纳分析，引导学生认识到各个行业、各个领域、各个岗位都有自己的时代风采，全社会都要弘扬劳动最光荣、劳动最崇高、劳动最伟大、劳动最美丽的主旋律，进而深刻理解新时代劳动价值观的内涵和价值。

## 课后思考

你认为新时代劳动教育的新发展对大学生提出了哪些要求？

## 牛刀小试

一、单选题

1.（　　）教育方针，第一次正式把劳动教育纳入人才培养目标，将以往的"教育与生产劳动相结合""教育与社会实践相结合"转变为"劳动教育"。

A."教学相长"　　　　　　　　B."校企合作"

C. "立德树人"　　　　　　D. "五育并举"

2. （　　）是中华民族的传统美德。只有享受到劳动的美好，才是完整的人生。

　　A. 热爱劳动　　　B. 甘于奉献　　　C. 勤劳勇敢　　　D. 崇尚劳动

3. （　　）是一个民族进步的灵魂，是一个国家兴旺发达的不竭动力。

　　A. 创新　　　　　B. 就业　　　　　C. 劳动　　　　　D. 国防

4. （　　）是劳动教育的最基本途径。

　　A. 生活　　　　　B. 学校　　　　　C. 家庭　　　　　D. 单位

5. （　　）是劳动教育的主要阵地。

　　A. 学校　　　　　B. 家庭　　　　　C. 社会　　　　　D. 国家

6. （　　）是劳动教育的延续和拓展。

　　A. 家庭　　　　　B. 社会　　　　　C. 单位　　　　　D. 国家

7. 《劳动合同法实施条例》中规定，用人单位自用工之日起超过一个月不满一年未与劳动者订立书面合同的，应当依照相关规定向劳动者每月支付（　　）的工资并与劳动者补订劳动合同。

　　A. 一倍　　　　　B. 两倍　　　　　C. 三倍　　　　　D. 四倍

8. 新时代劳动教育强调培养（　　）。

　　A. 劳动习惯　　　B. 劳动品质　　　C. 劳动技能　　　D. 劳动意识

9. 学校要结合学生具体（　　），探索劳动教育教学规律，创新劳动教育教学，实现劳动教育在课程和活动等方面的有机整合。

　　A. 特征　　　　　B. 性格　　　　　C. 需求　　　　　D. 学情

10. （　　）是对年轻一代参加社会生产的实际训练，同时也是德育、智育和美育的重要因素。

　　A. 德育　　　　　B. 体育　　　　　C. 美育　　　　　D. 劳育

二、多选题

1. "五育并举"中的"五育"指的是（　　）

　　A. 德　　　　B. 智　　　　C. 体　　　　D. 美　　　　E. 劳

2. 新时代劳动教育具有（　　）等独特教育价值，具有"以劳树德、以劳增智、以劳强体、以劳育美"的育人实效。

　　A. 价值观教育　　　　　　　　B. 社会观教育

　　C. 时代观教育　　　　　　　　D. 审美观教育

3. 习近平总书记指出："要在学生中弘扬劳动精神，教育引导学生崇尚劳动、尊重劳动，懂得（　　）的道理，长大后能够辛勤劳动、诚实劳动、创造性劳动。

A. 劳动最光荣　　　　　　　　B. 劳动最崇高

C. 劳动最伟大　　　　　　　　D. 劳动最美丽

4. 新时代劳动教育要大力弘扬（　　　）。

A. 劳动精神　　B. 团结精神　　C. 工匠精神　　D. 劳模精神

5. 大学生要努力练就过硬本领，从而成长为（　　　）的高素质劳动者，担当起社会主义建设重任。

A. 知识型　　　B. 技能型　　　C. 创新型　　　D. 全能型

三、判断题

1. 马克思指出："人类创造历史，劳动开创未来。"（　　）

2. 在新时代，劳动教育成为了与德智体美并列的基础性教育，与德智体美四育互为一体，相互依存、相互渗透、相得益彰。（　　）

3. 学校是劳动教育的最基本途径。（　　）

4. 中华文明历经千年，经久不衰，创造出绚烂的民族文化和辉煌的民族历史，其皆应归功于劳动。（　　）

5. 《劳动合同法》规定，企业应当自用工之日起三个月内与劳动者签订书面的劳动合同。（　　）

参考答案

# 第三章　新时代职业院校"三位一体"开展劳动教育

## 导读

近年来，受社会上轻视劳动、看不起普通劳动者的不良倾向的影响，不少学生劳动意识淡薄，不珍惜劳动成果、不想劳动、不会劳动的现象在相当大的范围内存在，劳动的独特育人价值在一定程度上被忽视。党的二十大报告中指出，要使人人都有通过勤奋劳动实现自身发展的机会。中共中央、国务院发布的《关于全面加强新时代大中小学劳动教育的意见》中针对当前劳动教育被淡化、弱化的现实，对加强大中小学劳动教育进行了系统设计和全面部署，强调要全面构建体现新时代特征的劳动教育体系。职业院校作为一个重要院校群体，应该顺应时代发展的潮流、遵循国家政策规定，积极开展劳动教育活动，探索适合学生身心发展的劳动实践育人体系，以"三位一体"的模式对大学生开展劳动教育，探寻劳动教育与思想政治教育、专业教育及校园文化相互融合的有效途径，不断增强学生自身的劳动价值观念，充分认识到劳动对于实现自我人生价值的重要意义。形成热爱劳动、尊重劳动、勤于劳动、尊重爱惜劳动成果、积极参与劳动实践、辛勤劳动、诚实劳动的优良品质和实践精神。

## 第一节　劳动教育与思想政治教育相融合

**案例导入**："巨婴"愈发常见，部分青少年劳动价值观异化怪象！

半月谈记者调研发现，当前一些青少年产生了好逸恶劳、嫌贫爱富、不劳而获等不良心态，折射出当前劳动价值观的缺失和异化。

**现象一**：好逸恶劳、嫌贫爱富，不尊重劳动和普通劳动者。

受社会不良风气以及家庭教育不当的影响，一些孩子从小就形成了"劳动分贵贱"的错误价值观。北京的一名小学生，妈妈是学校的清洁工，他觉得很丢脸，在学校里从来没有跟妈妈主动打过一声招呼。以前的孩子谈到理想，大多数是说当科学家、老师、医生等，现在不少的孩子则是说想当老板、明星或者网红等，因为"又光鲜又亮丽又多金""谁都渴望有一份不脏不累还挣钱多的职业"。

图3-1 "劳动分贵贱"的错误价值观

**现象二**：小皇帝、小公主层出不穷，"老儿童""巨婴"越来越常见。

南方某地一名小学三年级学生参加为期一周的军训，竟然7天没有洗澡、换衣服，原因是怕洗衣服。一位小学教师曾对100名小学生做了一项关于是否在家做家务的调查，结果显示，超过60%的学生只是偶尔做，大约5%的孩子从来不做。

如今，甚至出现了"巨婴""老儿童"现象。近日，家住九江的宋女士向记者反映，她收到远在杭州读大一的儿子邮寄回家的包裹，里面装的全是儿子穿过的脏衣服，而且能想象到这堆衣服已经攒了一段时间，现在能闻到一阵阵怪味。

图3-2 大一新生远途邮寄脏衣服回家让母亲洗

由此可以看出，当前部分大学生的劳动价值观异化，缺乏劳动教育实践锻炼，亟待我们从思想政治教育层面融入劳动教育内容，促使学生在实际的劳动教育中达到良好的思想政治教育效果。

职业院校思想政治教育作为学生思想价值引领、情感态度塑造和行为习惯养成的重要方式，同劳动教育具有目的相关性、内容关联性、路径互鉴性等耦合特点，二者协同融合将有助于实现劳动教育中的思政教育作用，巩固思政教育中的劳动教育功能。

## 一、创新思政课劳动教育体系，塑造正确劳动价值观

党的二十大报告中指出："我们要办好人民满意的教育，全面贯彻党的教育方针，落实立德树人根本任务，培养德智体美劳全面发展的社会主义建设者和接班人。"思想政治理论课是职业院校落实立德树人根本任务的关键课程，同时也是开展劳动思想教育的主阵地和主渠道。在全面加强劳动教育的时代背景中，职业院校应多措并举创新思政课劳育体系，突出思政课程对"四个最"劳动价值观的引领和塑造。

在教学内容创新方面，注重马克思主义劳动观和社会主义劳动价值观教育的有机融入，如在《毛泽东思想和中国特色社会主义理论体系概论》课程讲授中，可以结合学生的专业开设劳动思想的专题活动。可以结合学生的专业开设习近平新时代劳动思想的专题活动，以"社会主义是干出来的""以劳动托起中国梦"为主线，借助理论思维引导学生体悟中国式"奋斗幸福观"，教育引导学生"崇尚劳动，尊重劳动"。在《习近平新时代中国特色社会主义思想概论》课程中，开展翻转课堂，让学生讲授习近平同志的劳动观，树立正确的劳动观念，让学生深刻体会"幸福是奋斗出来的"。在《思想道德与法治》中将劳模精神和工匠精神贯穿教学始终，通过解读蕴藏其中的岗位意识、职业精神、进取精神、拼搏精神和奉献精神等重要元素，引导学生认同"劳动最光荣、劳动最崇高、劳动最伟大、劳动最美丽"，从而将社会主义核心价值观等抽象意识形态转化为可知、易感、能学的生动实践，促使学生做到"辛勤劳动、诚实劳动、创造性劳动"。

图 3-3　专家作思政课专题讲座和示范教学　　图 3-4　思政教师和技能大师在实训室给学生上思政课

在教学模式创新方面，邀请大国工匠和劳模参与课程设计、集体备课和课堂

教学，通过开设"大国工匠面对面"等特色思政专题教学，将抽象的劳动思想教育目标生动化、具体化、人格化，并在行业生产一线完成实践教学环节，进而提升劳动价值观引领塑造的育人效果。

### 拓展阅读："劳动四最"之劳动最美丽（前进中国）

图 3-5　东方物探西南分公司第四民爆工程队下药组队员在新疆维吾尔自治区天山深处秋里塔格山近乎垂直的半山腰进行物探地震施工

图 3-6　在福建省厦门市地铁 3 号线地下 60 余米的高温中挥汗施工的工人

图 3-7　青海省国道 227 五标莫兰台岭隧道进口处，工人正在进行电焊施工

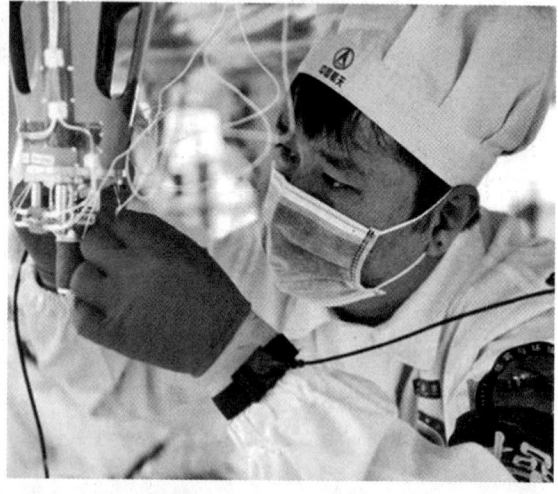

图 3-8　中国航天科技集团有限公司第五研究院总装与环境工程部卫星总装技师正在进行北斗导航卫星整星天线最后阶段的总装工作

人类社会的发展、科学技术的进步离不开劳动人民的汗水与智慧。中华民族是热爱劳动、勤于创新的民族，正是各个岗位上的劳动者勤劳的双手和默默无闻的辛勤付出，成就了新中国 73 年的辉煌。

国家统计局数据显示，截至 2021 年年末，我国 16 至 59 周岁的劳动年龄人口接近9亿人，占总人口比重约63%。我们都是劳动者，我们都是追梦人。党和国家高度重视对技能人才培养和对劳动者权益的法律保障，建设知识型、技能型、创新型劳动者大军，弘扬劳模精神和工匠精神，营造劳动光荣的社会风尚和精益求精的敬业风气，成为时代强音。

## 二、完善思想政治教育实践机制，加强劳动实践锻炼

习近平总书记在全国高校思想政治工作会议上指出，要强化实践育人，坚持教育与生产劳动和社会实践相结合，让广大青少年在投身实践、亲身参与中认识国情、了解社会，在增长才干和磨炼意志中感受劳动所带来的乐趣，进而形成尊重劳动、热爱劳动的真挚情感。

图 3-9　学生参加校园绿化建设　　图 3-10　学生志愿者积极参与疫情防控工作

劳动教育与实践育人的结合可谓是开展思政教育和引导学生承担社会服务职能的关键结合点。在"大思政"育人格局下，依托专业特色组建的志愿服务组织，在校内可面向不同院系学生实现朋辈劳育的转化，在校外可面向街道社区、敬老院、福利院、中小学等公共场所，实现公益服务生产力的转化，培养学生公共服务意识，使学生具有面对重大疫情、灾害等危机主动作为的奉献精神。在寒暑假开展思政课程化社会实践活动，结合本专业的实际情况，组织学生下乡支教、进田支农、入厂支工、到基层岗位参与职业体验等，在生产一线通过服务型劳动实践提升自身劳动素养。

图 3-11　学生走进敬老院开展志愿服务活动 　　图 3-12　学生志愿参加下乡支教活动

### 拓展阅读

习近平总书记从百年未有之大变局的世界视野和实现中华民族伟大复兴战略目标的高度，强调了思想政治理论课建设的战略性、全局性和时代性意义，指出"只有打好组合拳，才能讲好思政课"。所谓"大思政"，就是一体化领导、专业化运行、协同化育人的理念和体制机制，旨在通过构建思想政治教育的大格局和有效协同的体制机制，打好组合拳，推动各领域、各环节、各要素协同育人，以增强思想政治教育的实效性。

## 三、强化学生日常管理工作，培养良好生活劳动习惯

图 3-13　开展学生"食堂帮厨"服务实践活动 　　图 3-14　学生开展校园义务维修活动

在职业院校学生管理工作中，班主任是对学生进行思想政治教育、行为习惯养成教育和文明素质修身教育的中坚力量，且日常事务管理中蕴含着大量劳动教育元素。因此，职业院校班主任应以此为契机，依托学生自治组织的"四自"管理职能，开展基于实际生活的劳动教育活动，让学生在日常生活行为当中不断加强劳动习惯的养成。如在宿舍管理过程中，以宿舍文化建设和文明宿舍创建为契机，通过指导学生高标准完成个人卫生清洁、宿舍内务整理、学习环境营造、楼层卫生清理

等基本劳动过程，在增强自主生活能力的潜移默化中锤炼生活劳动习惯。在学生管理过程中，鼓励学生积极参与食堂帮厨、图书管理等校园公益劳动，通过开展生活素养的养成教育，帮助学生实现从"能做劳动"到"肯做劳动"再到"爱做劳动"的转变。

### 拓展阅读：学生自治组织的"四自"管理

"四自"即自我教育、自我管理、自我服务、自我监督。自我管理是基础，自我教育是目的，自我服务是手段，自我监督是保障，其中自我监督是重中之重。学生组织是学校学生思想管理和行政管理工作的重要力量，是学校联系学生的纽带和桥梁。学生组织中的学生干部更要充分发挥"四自"管理的功能。

### 活动与交流

一、活动目标

引导学生关注身边真实的劳动活动，在了解劳动人民真实故事的过程中，能够感悟其蕴含的强大精神力量，进而提升自身的思想道德素养，树立正确的职业道德观和劳动价值观。

二、活动时间

建议30分钟。

三、活动流程

在思想政治理论课的课堂教学中设置教学互动环节，开展"讲好劳动人民故事"交流活动，鼓励学生积极参与思政课堂交流活动，分享身边真切发生的劳动案例故事，谈谈自身的感悟。

具体流程：

1. 课前准备工作

将全班同学以5~6人为标准划分小组，课前发布教学活动主题"讲好劳动人民故事"。学生以小组为单位，相互交流与合作。通过多种方式搜集故事素材，可以制作成PPT、微视频等成果形式，也可以运用角色扮演的方式来生动讲述身边真实的劳动故事，同时要谈一谈自身对于劳动人民故事的真实感受以及对今后的启发。

2. 课中环节

在实际课堂教学时间范围内做好统筹安排，每组展示时间不超过10分钟，合理安排每堂课小组展示顺序和数量，保证每个小组都能有课堂展示的机会。在小组分享劳动人民故事的过程中，其他同学也要做好准备，在分享完毕后要随机起来发表个人感悟。

### 3. 教师归纳总结

每组做完故事分享后，在做出评价的同时更要深度挖掘劳动故事所蕴藏的思想政治教育元素，将其思想道德高度进行升华，引导学生从多角度来感悟劳动人民的精神力量，从而提升学生的思想道德和劳动素养，树立正确的劳动价值观。

### 课后思考

结合本节课内容，谈谈为什么说劳动教育是职业院校"立德树人"的重要组成部分？

## 第二节 劳动教育与专业教育相融合

### 案例导入

今年"双十一"已落幕，我国的电商平台销售额再次打破历史记录，京东和天猫两家电商平台的销售额再创新高，产生了上百亿的包裹量。短期暴增的快递量对快递物流企业的处理能力产生了严峻的考验，业务高峰期间的人工需求是物流快递企业需要解决的重大问题，而这正是校企共育物流人才、加强物流学生劳动教育的良好契机。今年"双十一"期间，经济管理学院共派出200余名物流专业学生以跟岗实习的形式参与到支援企业业务高峰的活动中，将全民购物节转变为物流专业学生的劳动节。将专业技能培养和劳动教育相结合，已成为经济管理学院人才培养的常态。

图 3-15 学生在德邦参加"双十一"跟岗实习 　　图 3-16 学生在苏宁参加"双十一"跟岗实习

## 一、劳动教育与专业教育的关系

首先，劳动教育是专业课教育的基础，专业课的学习本身就是劳动，任何知识和经验的获得，都需要付出大量的体力劳动和脑力劳动。专业课学习的教材更是许多专业人士在长期的生产实践过程中不断思考和总结并经过反复推敲才得以编成的。从这个意义上来说，每一门专业课的构建过程本身就是劳动的过程，并且是几代人劳动智慧的结晶。为了更好地学习这

图 3-17 《土建工程制图》专业教材

些从"劳动"中得来的知识和技术，必须付出艰苦的"劳动"。在学习中不仅需要我们专心致志地进行理论学习，认真思考其理论体系，深刻领会其抽象概念，更需要我们身体力行，理论联系实际，在实践中体会理论的深刻内涵和发展方向。

其次，劳动教育的深入开展需要专业教育作为载体。2018 年 4 月 30 日，习近平总书记在给中国劳动关系学院劳模本二班学生的回信中写到："珍惜荣誉、努力学习，在各自岗位上继续拼搏、再创佳绩""让诚实劳动、勤勉工作蔚然成风"。可见，劳动教育更多地体现在各个岗位上，而各个岗位上有无数熟练掌握各种专业技术和专业知识的专业化劳动者，离开了专业教育，劳动教育将不会得到更好的深入开展，这与全面推进劳动教育的初衷是不相符的。

最后，劳动教育与专业教育相辅相成，两者有机结合，才能实现教育目标的最大化。离开了劳动教育的专业教育，将会成为无根之木和形式主义的"空壳子"。学生仅有理论知识而缺乏实践经验的支撑，就会导致空想主义，缺乏举一反三、开拓创新的精神；而离开了专业教育的劳动教育，将会显得空洞而缺失具体内容，不能培养出符合新时代要求的劳动者。因此，只有将劳动教育很好地融入专业教育中，才能更好地体现劳动的价值和发挥专业的优势，最终实现教育目标的最大化。

图 3-18 新疆生产建设兵团白手起家、艰苦奋斗的创业年代

### 拓展阅读：什么是专业教育

专业教育是培养各级各类专业人才的教育，接受的教育是以其教授专业知识为主。

中国实施专业教育的机构为高等学校（含高等专科学校和大学本科）、中等专业学校等。

专业教育一般在基础教育的基础上进行。

### 知识延伸

就现阶段我国的教育体制而言，我国的学历类别可以划分为：

义务教育（基础教育）：小学、初中、高中。

职业教育：技工学校、职业高中、高等职业学校。对受教育者实施可从事某种职业或生产劳动所必需的职业知识、技能和职业道德的教育。

专业教育：中等专业学校、中等师范学校、高等专科学校（大学专科）、大学本科。接受的教育是以其教授的专业知识为主，入学需统招，毕业办理劳务派遣证（报到证）。

研究生教育：硕士研究生，博士研究生。

## 二、劳动教育与专业教育相融合的意义

职业教育是培养一线劳动者的教育，离开劳动教育就无法实现专业教育的基本功能，劳动教育也或多或少地带有专业教育的特征。

将劳动教育与专业教育相融合，有利于促进学生职业理想的形成。职业是社会分工的产物，任何职业都有其存在的社会价值。即使在人工智能迅速普及的大背景下，我国的企业还是需要大量的专业一线工作者。一个大型企业的人力资源经理曾经谈到，现在许多职业院校毕业生在车间站上半天都做不到，更何况成年累月的工作了。由此可见，劳动教育对于职业院校具有重要意义。

我国是一个人口大国，具有2.5亿左右的老年人口，对服务人员的需求数量十分庞大，这是未来一个时期职业教育面临的一项重要背景。通过将劳动教育与专业教育相融合，培养学生"干一行爱一行"的职业精神，为社会输送数以万计的高素质企业一线员工和服务人员，从而彰显出职业教育不可替代的独特价值，这也是作为一所职业院校的首要功能。

### 拓展阅读：什么是职业理想

职业理想是人们在职业上依据社会要求和个人条件，借想象而确立的奋斗目标，即个人渴望达到的职业境界。它是人们实现个人生活理想、道德理想和社会理

想的手段，并受社会理想的制约。职业理想是人们对职业活动和职业成就的超前反映，与人的价值观、职业期待、职业目标密切相关，与世界观、人生观密切相关。

将劳动教育与专业教育相融合，有利于促进学生职业素养的养成。职业工作不仅需要知识和技能，还需要现代劳动过程中必须具备的坚强意志、劳动精神、合作能力、沟通能力、自我管理能力和良好的问题解决能力。在当前教育的大环境下，许多职业院校对于学生的专业能力和单项技能大赛较为关注，而对综合能力较为忽视。只有通过劳动教育和专业教育相融合的方式，才能让学生在亲身实践中培养其综合职业能力。勤劳是中华民族的传统美德，是一切才能施展的基础。习近平总书记反复强调"幸福是奋斗出来的""中华民族的伟大复兴，绝不是轻轻松松、敲敲打打就能实现的"。职业教育要培养合格的一线劳动者，更要培养学生艰苦奋斗的精神，让学生在劳动中学会尊重劳动、热爱劳动。

图 3-19　关于劳动的宣传画

将劳动教育与专业教育相融合，有利于促进"三教"改革不断深化。职业院校最突出的特点就是产教融合、校企合作，实现专业设置与产业需求对接、课程内容与职业标准对接、教学过程与生产过程对接。与普通教育不同，职业教育有两个教学场所、两类教学主体，单靠学校则难以全面地完成人才培养任务。一些学生不愿到企业实习，毕业生不愿意到小微企业、艰苦地区、偏远地区就业，最主要的原因就是害怕参加艰苦劳动。尽管智能制造正在快速发展，但许多行业仍需要高强度的体力劳动。通过深入开展具有专业特点的生产劳动，实现专业教育与劳动教育相融合，例如职业院校每个学期必有的实训周、劳动周等活动，可以使学生能够在学习专业理论的同时得到实际的锻炼。

图 3-20　工程造价专业学生进行户外实训活动 　　图 3-21　数控专业学生进行钳工实习

## 三、劳动教育与专业教育相融合的路径

### （一）要突出专业特点

在职业教育中各个专业千差万别，在设计劳动教育的内容和形式时应不拘泥于形式，突出专业特点。机电维修类专业可以采取产教融合的方式，在企业和实训基地体验维修人员的实际工作，从中提升其问题意识、质量意识和安全意识，理解维修工作与正常生产之间的关系。对于建筑类专业，职业院校可以采取实地考察的形式，组织学生去工地实际考察，让学生可以观看到每一个施工步骤并参与其中。在幼儿师范专业的劳动教育设计上，可以将"以幼儿为中心"这一理念作为指导，让学生精心完成每一项服务操作。

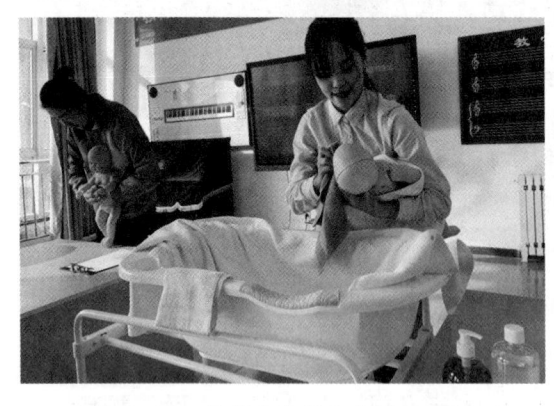

图 3-22　幼师专业学生在进行实训 　　图 3-23　建工专业学生进行户外实训

### （二）要拓宽专业视角

推进劳动教育与不同学科领域的专业相融合，任何专业领域都可以融入劳动教育。在自然科学领域，都有劳动教育与专业教育相融合的实践例子，如化学、物理等理科学科的相关实验，或者机械、电气、土木等工科专业的研究应用技术和工艺。在社会学领域，毛泽东同志早年在湖南考察农民运动、社会学家费孝通所做的

田野调查也都具有劳动的性质。在艺术领域，美术的绘画创作、设计专业的设计想法和音乐的创作，都是需要动手动脑的创造性劳动，这些专业的发展无一不是由劳动教育所推动的。

### 拓展阅读：田野调查

田野调查被公认为是人类学学科的基本方法论，也是最早的人类学方法论。它是来自于文化人类学、考古学的基本研究方法论，即"直接观察法"的实践与应用，也是研究工作开展之前，为了取得第一手原始资料的前置步骤。所有实地参与现场的调查研究工作，都可称为"田野研究"或"田野调查"。田野调查涉猎的范畴和领域相当广，包括语言学、考古学、民族学、行为学、人类学、文学、哲学、艺术、民俗等，都可通过田野资料的收集和记录，架构出新的研究体系和理论基础。"参与当地人的生活，在一个有严格定义的空间和时间的范围内，体验人们的日常生活与思想境界，通过记录生活中的方方面面，来展示不同文化如何满足人的普遍的基本需求、社会如何构成。"这便是田野调查，也是成为一个人类学家必须具备的基本条件。

### （三）要潜移默化地融入

劳动教育除了通过实践操作外，还需要充分抓好课堂教学知识传授的主渠道，在潜移默化中融入劳动教育。在进行专业教学活动中，可以将劳动意识、劳动关系、劳动法以及劳动职业生涯发展教育融入到专业教学内容中，为学生提供完整且具有系统性的劳动教育，让学生能够系统了解劳动的相关知识，维护自身劳动权益，营造尊重劳动的环境。

图 3-24  2014 版《中华人民共和国劳动法》

### （四）要抓住关键节点

在日常的学习、考试、实习等专业教育的关键节点融入辛勤劳动、诚实劳动以及创造性劳动的教育内容。学习是大学生第一重要的劳动过程，在这一过程中，学生通过辛勤劳动提升对知识吸收理解的能力，从而满足社会需求。诚实劳动可以从培养学生诚信考试做起，逐步加强对学生日常作业查重力度。

图 3-25　某学院考试周黑板报

## 活动与交流

一、活动目标

优化劳动教育途径，提高劳动教育与专业教育相结合的科学性。

二、活动时间

一周时间。

三、活动对象

建筑工程学院建筑装饰工程技术专业20级全体学生。

四、活动主题

青春你我，共建文明校园。

五、活动内容

1. 班主任对20级建筑装饰工程技术专业全体学生召开班会布置任务，以班级为单位将学生分成四个小组，各班级班长为各班级的负责人。

2. 班级负责人负责购买此次活动所需要的材料，活动地点为二号教学楼。

3. 以班级为单位，每个班级负责一个楼层，在教学楼走廊空白墙上制作与活动主题有关的手绘画。

4. 活动结束后，每名参与此次活动的同学写一篇活动总结，小组组长总结汇报此次小组同学的活动心得。

5. 专业课教师进行总结分析，引导学生进一步深刻认识专业教育与劳动教育如何灵活结合，并体会劳动教育的意义。

## 课后思考

你认为人工智能时代还需要在职业院校大力提倡劳动教育吗？

# 第三节　劳动教育与校园文化相融合

### 案例导入：营造劳动氛围——让校园劳动教育处处可见

"劳动光荣，懒惰可耻"是过去经常能够听到的一句话。这次长沙的一所大学校园采用劳动教育新措施，让学生们重新感受到劳动光荣。

为营造浓厚的劳动教育氛围，学校加大投入绿化校园，校园内的红色长廊、楹联长廊等绿地、花草争艳，环境优美，花园式学校美丽的环境氛围产生了无声的熏陶和感染力。

为培养学生的劳动意识和劳动能力，学校专门设立班级种植箱，学生在选种、施肥、浇水等方面亲自参与，亲眼见证每一株幼苗的成长。在校内设置"劳动最光荣"公益岗位，组织学生积极参加力所能及的校内劳动，承担班级、校园清洁等校园劳动；引导学生体会参加校内劳动、服务你我他的成就感，丰富学生的校园生活。

学校以生态理念营造校园环境，建设形成了"廊、场、塑、亭、馆、苑"等生态文化格局，赋硬件以生命。环境文化既是重要的教育资源，也是催生学生成长的深厚土壤。一个美的教育环境，对学生来说是一个立体的、多彩的、富有创造力和吸引力的无声养成教材。学校实现了让每一处景致都能"说话"，每一个角落都能润德，每一分气息都能熏陶。

图 3-26　校园走廊标语　　　　图 3-27　学生打扫学校卫生

职业院校实施劳动教育应以培育学生的劳动价值观为核心，促进职业院校校园文化实现立德树人的根本目标，积极探索具有中国特色的劳动教育模式，不断加强和创新职业院校校园文化建设途径，推进劳动教育与职业院校校园文化建设的有机融合，提升职业院校校园文化建设的针对性和实效性，打造具有"劳动特色"的职业院校校园文化。

图 3-28　五一劳动节的宣传图　　　　图 3-29　五一劳动节黑板报

图 3-30　校园里的蔬菜基地

## 一、劳动教育与校园文化的基本内涵

劳动教育是国民教育体系的重要内容，是学生成长的必要途径，具有树德、增智、强体、育美的综合育人价值。实施劳动教育的重点是在系统的文化知识学习之外，有目的、有计划地组织学生参加日常生活劳动、生产劳动和服务性劳动，让学生动手实践、出力流汗，接受锻炼、磨炼意志，从而培养学生拥有正确的劳动价值观和良好的劳动品质。

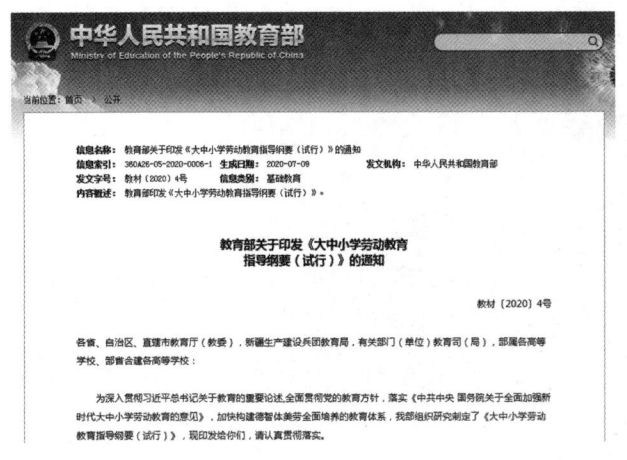

图 3-31　教育部关于印发《大中小学劳动教育指导纲要（试行）》的通知

图 3-32　大中小学开展劳动教育

校园文化是学校在发展中创建的，为全校教职工和全体学生共同认可的校园文化和艺术环境，是学生学习、教师教学、家庭认同的学生学习生活的精神家园。校园文化是劳动育人的重要载体，是职业院校开展劳动育人的支撑。

图 3-33　校园文化长廊

## 二、在校园文化中融入劳动教育的意义

### （一）有利于职业院校整合劳动教育资源

校园文化的多元化载体和多样化形式，为劳动教育的有效开展提供了广阔的平台，拓宽了劳动教育的实践形式；劳动教育的深入开展，为校园文化建设注入劳模精神、劳动精神、工匠精神等鲜活元素，进一步丰富了校园文化建设的内涵和层次，为校园文化建设提供有力抓手，二者相辅相成、共同服务于人才培养目标的实现。

图 3-34　会计系开展劳动实践活动

### (二) 有利于职业院校营造崇尚劳动的浓厚氛围

在校园文化建设中，通过深入挖掘蕴藏在传统文化中的劳动教育资源，使学生从传统文化中汲取营养，树立正确的劳动价值观；学生亲临劳动教育现场，通过身体"在场"的劳动体验，实现由"身"到"心"及"身心合一"。

图 3-35　开展扫雪活动

### (三) 有利于职业院校劳动精神的凝练传承

借助校园文化这一载体而实现的劳动教育，能够在职业院校校园内形成经久不息、代代相传的崇尚劳动的浓厚氛围。这样的校园氛围一旦形成，身处其中的学生即使不去参加专门的劳动实践，也会在无形中受到熏陶和感染，从而实现劳动教育的"润物细无声"。

## 三、劳动教育与校园文化有机融合的实践路径

### (一) 让职业院校精神载体成为劳动教育的思想引领

职业院校的精神载体主要包括校史、校训、校歌等。在开展劳动教育的过程

中，着重挖掘校史中关于劳动的典型人物和故事，并用图片、话剧、视频等手段还原历史，让师生员工深刻领会劳动创造历史、劳动开创未来的道理。

### 拓展阅读

新中国高等教育的开拓者吴玉章为创建中国人民大学，虽逾古稀之年，仍殚精竭虑、历尽艰辛，在短时期内顺利完成了学校筹备工作，并在治校17年间为新中国教育事业做出了不可磨灭的重大贡献。在中国人民大学建校80周年时，该校话剧团创作了话剧《吴玉章》，并作为校庆大戏隆重上演，在师生中间引起了强烈共鸣。这就是一个充分发挥校史的教育引导功能，大力弘扬高校办学历史中劳动精神的成功案例。

图 3-36　吴玉章

图 3-37　大型原创话剧《吴玉章》剧照

校训短小精悍、言简意赅、便于记忆，是高校教育理念、人文精神、历史文化积淀的高度凝练，在高校开展劳动教育的过程中具有灵魂和航标的作用。

### 拓展阅读

在入选一流大学建设的36所高校中，共有16所高校在校训中体现了劳动教育的内容，其中，重庆大学直接把"耐苦劳"写入校训；北京理工大学等5所高校将"勤奋"写入校训，强调了习近平总书记提出的"辛勤劳动"思想；南京大学和西北工业大学在校训中以"诚"字承载了"诚实劳动"的要求；浙江大学等9所高校在校训中突出"创新"，是倡导"创造性劳动"的直接体现。

#### （二）让职业院校教职员工成为劳动教育的先锋示范

育人者必先育己，立己者方能育人。职业院校教职员工不仅要"传道、授业、解惑"，还要切实做到"行为世范"，通过言传身教，激励引导学生树立正确的价值理念。学校要在加强师德师风建设上下功夫，将劳模精神、劳动精神、工匠精神纳入师德师风的内涵体系，重视模范教师的选树工作，广泛宣传优秀教师崇尚劳动、勤于劳动、以身作则、率先垂范的先进事迹，以教师高尚的人格魅力和模范的言行举止为学生树立标杆。

### 拓展阅读

黄大年，世界著名地球物理学家。在祖国最需要的时候，他秉持科技报国的理想回国，把国家需要视为毕生追求，把服务国家看作自己最好的归宿，直到生命的最后一刻。

2009年，他毅然放弃国外优越条件回到祖国，成为东北地区第一批国家"千人计划"专家。他师德高尚，诲人不倦，主动担任本科层次"李四光实验班"班主任，鼓励学生将个人价值与国家前途命运紧密联系在一起，积极提升青年教师和团队成员国际交流互动能力，培养了一批"出得去、回得来"的人才。他刻苦钻研，业绩突出，作为国家"863计划"首席科学家，突破国外禁运和技术封锁瓶颈，取得了一系列重大成果，填补了多项国内技术空白。他不求名利，甘于奉献，长年不休，带病工作，把生命最绚丽的部分献给他钟情的教育科研事业。黄大年同志用毕生努力实现了爱国之情、强国之志、报国之行的统一，是新时期归国留学人员和高校教育工作者的杰出代表。

#### （三）让职业院校身边榜样成为劳动教育的时尚表率

任何时候，校园内都不缺乏向上向善的感人故事，总有自力更生的励志传奇，还有艰苦奋斗的勤奋典范。开展身边榜样选树活动，挖掘普通学生中勤奋刻苦、诚实守信、乐于助人、勇于创新的点滴，选树学生党员中信念坚定、攻坚克难、默默奉献、奋力拼搏的典型，整理各届校友中自强不息、勤于钻研、苦干实干、创新创业的感人故事，并以他们的成长经历引导在校大学生正确认识劳动、积极参与劳动。

### 拓展阅读

北京大学自2016年起开始举办"学生年度人物"评选活动，每年评选10位优秀学生，其中有变废为宝的大工程师、成绩斐然的学习之星、向珠峰进发的科研达人、勤于实践的全能女生、英姿飒爽的军中玫瑰、热心志愿服务的学霸、信息时代的弄潮儿等。

中国劳动关系学院自2015年起，充分发挥"劳动模范在校园，大国工匠在身边"的优势，聘请劳动模范担任大学生德育导师或兼职辅导员，让他们与大学生一起开展班级活动，共同参加社会实践，在深入交流的过程中，潜移默化地用劳模品质感染青年大学生，用劳模精神引领青年大学生，取得了很好的效果。

## （四）让职业院校文化活动成为劳动教育的有力抓手

图 3-38　向劳动模范学习

图 3-39　开展劳动教育志愿服务

开展与劳动教育有关的校园文化活动，如"劳模大讲堂"，开展以弘扬劳动精神为主题的摄影大赛、微视频大赛、征文大赛等，发挥大学生的主观能动性和创造力，引导他们深入理解劳动的内涵，主动宣传劳动精神，自觉践行劳模精神。同时充分发挥职业院校的科研优势，举办与劳动相关的科研活动，为学生深入解读劳动精神，为开展劳动教育、传播劳动精神提供智力支持和理论支撑。

## （五）让职业院校新媒体平台成为劳动教育的重要阵地

要在灵活运用橱窗、海报、报纸等"线下"媒体的基础上，打造"身边劳模""我身边的最美劳动者""青年劳动之声"等形象生动的多媒体产品，提升劳动教育的吸引力；借助新媒体平台，将校园人物的典型事迹用图文、视频、快问快答等方式呈现，增强劳动教育的感染力；开设"我与榜样面对面"等网络访谈节目，邀请劳动模范、大国工匠、师德标兵、十佳教师、三好学生等先进人物，讲述成长故事，分享劳动理念，探讨劳动精神。通过多元化的方式，增强劳动教育的时代感、吸引力、感染力和渗透力，切实让劳动教育"活起来""实起来""酷起来""火起来"。

## （六）让职业院校物质制度环境成为劳动教育的肥沃土壤

完善校园设施，重视校园楼宇文化建设，在教学楼、办公楼、图书馆、宿舍、食堂等主要场所，以图片、实物、文字、视频等多样化形式，充分展示各领域劳动模范和大国工匠的成长历程、卓越业绩，使劳模精神有机融入师生员工的日常学习生活，传播弘扬劳模精神、劳动精神和工匠精神，引导青年学生树立新时代劳动价值观。

## 活动与交流

一、活动目标

引导学生注重劳动，树立正确的劳动观。

二、活动时间

建议一周。

三、活动流程

1. 利用两天时间在班级广泛征集关于劳动的宣传标语。
2. 全班同学投票选出全班十佳宣传语。
3. 利用两天时间将选出来的宣传标语做一期黑板报。
4. 积极与学校新媒体联系，做好活动的宣传。
5. 教师进行归纳总结，引导学生要注重劳动，树立正确的劳动观念。

## 课后思考

为什么要在职业院校的校园文化中融入劳动教育？

## 牛刀小试

一、单选题

1. 在大中小学设立劳动教育必修课程，本科阶段不少于（　　）学时，职业院校不少于（　　）学时。

A. 16　16　　　　B. 20　20　　　　C. 32　16　　　　D. 40　20

2. 新时代劳动教育最重要的纲领性文件是（　　）。

A.《关于全面加强新时代大中小学劳动教育的意见》

B.《中小学综合实践活动课程指导刚要》

C.《全日制十年中小学教学计划（试行草案)》

D.《关于减轻中小学学生过重负担的指示》

3. 下列哪方面不属于新时代高校劳动教育的指导思想（　　）。

A. 把劳动教育纳入人才培养方案

B. 开发劳动教育 MOOC 课程

C. 将劳动教育与德育、智育、体育、美育相结合

D. 将劳动教育紧密结合经济社会发展变化和学生生活实际

4. （　　）是社会主义核心价值观的基石。

A. 崇尚劳动　　　　　　　　　　B. 艰苦奋斗

C. 勇于创新　　　　　　　　　　D. 改革创新

5. 高等教育的教育价值考量体现在（　　）。
A. 强健体魄　　　　　　　　　　　　B. 服务于政治教育
C. 坚持"劳动育人"　　　　　　　　　D. 树立正确的审美观念

6. 在广泛开展劳动教育实践活动过程中，学校要发挥（　　）。
A. 基础作用　　　B. 协调作用　　　C. 主导作用　　　D. 支持作用

7. （　　）是在校园内部营造外部企业环境，让学生在校园内学习真实企业的生产管理内容的一种教学模式。
A. 实习　　　　　B. 实训　　　　　C. 实践　　　　　D. 培训

8. 以下哪种不是大学生参加劳动锻炼的主要形式？（　　）
A. 学习劳动　　　B. 生产劳动　　　C. 公益劳动　　　D. 实习劳动

9. 大学生应持有的实习态度不包括（　　）。
A. 重视实习　　　B. 一旁观看　　　C. 勇于尝试　　　D. 积极劳作

10. 参加志愿服务活动发扬了（　　）的中华传统美德。
A. 自助自尊　　　B. 雷锋精神　　　C. 助人为乐　　　D. 自乐乐他

二、多选题

1. 大学劳动教育需要坚持的基本原则包括（　　）。
A. 兴趣至上原则　　　　　　　　　　B. 育人导向原则
C. 时代性原则　　　　　　　　　　　D. 强化综合实施

2. 新时代高校劳动教育的目标任务包括（　　）。
A. 培养正确的劳动价值观　　　　　　B. 塑造正确的劳动态度和情感
C. 培养良好的劳动习惯　　　　　　　D. 掌握劳动技术和经验

3. 以下哪些场所可以作为大学生的校外劳动教育场所？（　　）
A. 社区　　　　　　　　　　　　　　B. 工矿企业
C. 农业生产田间地头　　　　　　　　D. 实践教学基地

4. 新时代大学生要树立（　　）的理念。
A. 劳动最伟大　　　　　　　　　　　B. 劳动最美丽
C. 劳动最光荣　　　　　　　　　　　D. 劳动最崇高

5. 2020 年教育部发布了《大中小学劳动教育指导纲要（试行）》，大中小学每学年设立劳动周，采取（　　）等形式进行。
A. 专题讲座　　　　　　　　　　　　B. 主题教育
C. 劳动技能竞赛　　　　　　　　　　D. 劳动成果展示
E. 劳动项目实践

三、判断题

1. 对于大学生来说，劳动教育是一种有意识的、有规范的、创造性的活动，是有意义的改造自我和改造社会的活动。（　　）

2. 2020年3月发布的《关于深化教育改革全面推进素质教育的决定》，明确要求将劳动教育与德育、智育、体育、美育相融合，以此"探索具有中国特色的劳动教育模式"。（　　）

3. 工匠精神是我国从制造业大国走向制造业强国的基础、支撑、关键。（　　）

4. 高校劳动教育的主要形式是日常生活劳动。（　　）

5. 大学劳动教育需要结合产业新业态、劳动新形态，充分发挥时代性。（　　）

参考答案

模块二

# 精神篇

**【学习指南】**

  国家之魂，文以化之，文以铸之。勤劳的中国人民在长期的社会实践中铸就的伟大的劳模精神、工匠精神等，既是以爱国主义为核心的民族精神和以改革创新为核心的时代精神的生动体现，也是鼓舞全党全国各族人民风雨无阻、勇敢前进的强大的精神动力。在党的二十大报告中，习近平总书记强调"在全社会弘扬劳动精神、奋斗精神、奉献精神、创造精神、勤俭节约精神，培育时代新风新貌"。作为新时代的青年要躬身入局，挺膺担当，在人生的奋斗历程中，"以劳动精神为动力做合格的劳动者，以工匠精神为要求做杰出的劳动者，以劳模精神为目标做榜样的劳动者"。

  本模块让大学生通过彰显职业精神的行业典范的学习，对职业意识和职业精神有初步了解，在未来的职业生涯中树立职业意识，培养职业精神；让大学生通过对新时代劳模的杰出代表的学习，让大学生践行劳模精神，争做时代先锋；让大学生通过古今中外"匠人"先进事迹的学习，让大学生弘扬工匠精神，争做大国工匠。

**【学习目标】**

  学习并掌握职业意识和职业精神的内涵，了解职业意识和职业精神的关系；思辨式理解树立职业意识、培养职业精神的意义，掌握其实现路径。学习并掌握劳模精神的内涵，了解其意义；思辨式理解并掌握如何培育和践行劳模精神，师从劳模、开拓进取、成就自我、奉献社会；学习古今匠人的先进事迹，掌握工匠精神的内涵，了解工匠精神培育的意义；思辨式理解并掌握弘扬工匠精神、培养大国工匠的路径，充分利用实践机会，以大国工匠为标杆，以工匠精神为"活水"，争做新时代的大国工匠。

# 第一章 职业精神

> **导读**
>
> 2020年中共中央、国务院发布《关于全面加强新时代大中小学劳动教育的意见》，将劳动教育有机融入职业院校教学标准制订，专业教学标准修订更加注重"着力培养学生的职业道德、职业精神和创新创业能力"。职业技术是富国强国、改革创新的力量，而职业精神是激发这股力量朝着正确的方向前进并维持这股力量源源不断创新的动力。新时代，职业教育作为培养高素质技术技能型人才的摇篮，职业精神的培育关系着国家从"中国制造"向"中国创造""中国智造"迈进的速度，更关系着个人能否找到职业归属感和职业幸福感，因此，必须"一手"抓职业技能，"一手"抓职业精神，"两手都要抓，两手都要硬"，注重职业精神在职业发展中的动力作用。
>
> "职业精神是一种征服人心的美德"，是职业人才的灵魂，也是职业人才在坎坷的道路上冲破困难和阻力，不断进行自我激励和自我超越的思想支撑。强化职业意识的培养，是夯实学生坚韧不拔、爱岗敬业等职业精神的思想基础。新时代的大学生肩负着建设祖国的重任，因此要加强自身的学习和实践，以行业典范为榜样，树立正确的职业意识，发扬职业精神，实现自我价值和社会价值。

## 第一节 彰显职业精神的行业典范

**案例导入**

人无精神不立，国无精神不强，崇高的职业精神是造就伟大事业的灵魂。平凡岗位上的平凡劳动者之所以不平凡，在于他们在工作中严格自律，敬业如魂；吃苦耐劳，甘于奉献；积极主动，充满激情；开拓创新，不断进取；团队合作，勇于担责；兢兢业业，恪尽职守……下面我们就通过几个行业典范来看看体现在他们身上的职业精神。

## 一、不负青春韶华，为国家发展添砖加瓦的邹彬

"荣誉专业户"邹彬，95后全国人大代表，第43届世界技能大赛砌筑组获奖者，"全国技术能手""全国优秀农民工""湖南省五一劳动奖章"获得者。

1995年出生的邹彬，来自湖南新化一个普通的农村家庭，曾经是一名"留守儿童"，初中没读完便开始了"打工"生涯，从一名跟着父母在工地打拼的泥瓦工，变成用敬业、精业、乐业精神书写着属于自己青春奋斗故事的行业典范。

在父母打工的工地，经常会出现邹彬瘦瘦的身影。和灰浆、挑泥沙、搬砖头……脏活、累活，邹彬都肯干。"那个时候的工作就是给人'打下手'。"邹彬回忆说。刚到工地的时候，他没资格挑活。干了几个月后，舅舅开始有意识地让邹彬尝试学砌墙。"那个时候，师傅摆好线，我只要比照着线砌就行。"他说。由于自己心细、干活谨慎，简单的砌筑工作做得比较顺利。一有空他还总跑到老师傅旁边"帮忙"，说是帮忙，其实是偷师学艺。看到别人砌的好的墙，邹彬会仔细观摩，拍下来回去慢慢研究。大家都去休息了，而邹彬还在操着泥刀勤奋练习，巩固今天学到的新知识。

图1-1 邹彬在砌墙

功夫不负有心人，邹彬因为在劳动竞赛中的优异表现，成功进入国家集训队，与从全国各地选拔上来的其他几名队员一起进行砌筑项目培训。从这一刻开始，他的汗水与祖国荣誉紧密相连。

集训的第一天，邹彬就被难倒了。花样繁复，线条多变，能够出现在国际赛场的墙，邹彬之前从没见过。而砌出这样的墙，要熟练运用各种工具：水平尺、角度尺、勾缝器、砖刀、圆规等，种类竟多达上百个。

图 1-2　砌墙用的工具　　　　　　　图 1-3　邹彬在默默"补课"

工具还没操作熟练，第二重考验又来了：想要把墙砌出花样，必须拥有极其专业的几何知识。设计的图案，要通过精确计算画到砖上，再进行实地裁切。但是初中都没毕业的邹彬缺乏相关的几何知识。

邹彬下定决心，从零开始。夜晚的教室里，通常是邹彬一个人学习的身影，别人都去休息了，只有他在默默"补课"。为了增强熟练度，他还经常自己加时训练，别人晚上 7 点就回宿舍休息，而他却要在训练场待到 11 点才离开。

那段时间，除了身体面临巨大挑战外，对他的心理也是一种考验。在训练场上，邹彬一遍遍砌好，又一遍遍拆掉，再一遍遍砌起来，"感觉都做腻了"。回忆起那段时间，他说："非常感谢专家教练，每当想要放弃时，他们都会安慰我、鼓励我坚持下去。"

最终，经过一路过关斩将，邹彬以绝对优势力压队友，拿到了唯一一张代表中国参加世界技能大赛砌筑项目的入场券。

2015 年，第 43 届世界技能大赛拉开帷幕。国家集训队近两年的筹备是否能换来一个满意的结果，所有人都把目光集中在了邹彬身上。虽然赛前做了充足的准备，但邹彬没想到，意外还是发生了。

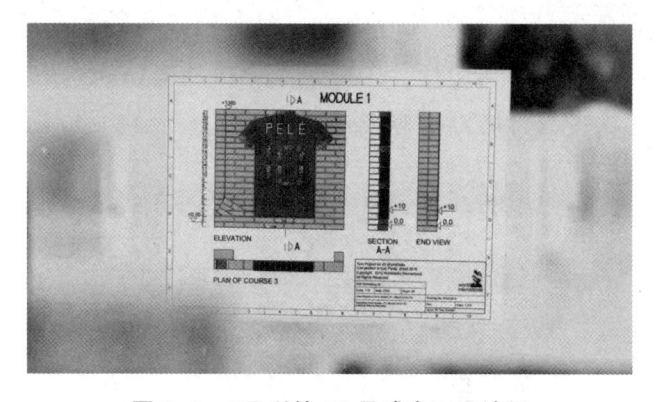

图 1-4　"贝利的 10 号球衣"设计图

这张"贝利的 10 号球衣"墙体图案此前并没有出现在组委会公布的图纸之列，而这其中最难的地方则是字母"PELE"的制作。

图 1-5 "贝利的 10 号球衣"墙体图

砖头的切割必须精准无误，砂浆的多少必须控制得宜，二者严丝合缝，才能制作出完美的"PELE"。放样、切割、砌砖、抹灰，每一道工序邹彬都有条不紊。一天之后，大功告成，作品与图纸几乎分毫不差。邹彬凭借精湛技术而获得了砌筑项目的优胜奖。

图 1-6 邹彬获得的世界技能大赛奖牌

一路走来，邹彬坚持为国争光的职业理想、精益求精的工作态度、持续不断的工作创新、亲密无间的团结协作，用砂浆水泥搭建着精彩人生舞台，邹彬坚信他和农民工兄弟们正在一起奔向"小砌匠的大时代"。

观看视频：砌墙也能成为世界冠军，邹彬做到了！

> 拓展阅读："世界技能大赛"

图 1-7　世界技能大赛图标

世界技能大赛是最高层级的世界性职业技能赛事，每两年举办一次，被誉为"世界技能奥林匹克"。上海获得 2021 年第 46 届世界技能大赛举办权。由于受新冠肺炎疫情影响，大赛延期一年，计划于 2022 年 10 月 12 日~17 日举办。

世界技能大赛由世界技能组织举办，是世界技能组织成员展示和交流职业技能的重要平台。

截至 2013 年第 42 届世界技能大赛，大赛比赛项目共分为 6 个大类，分别为结构与建筑技术、创意艺术和时尚、信息与通信技术、制造与工程技术、社会与个人服务、运输与物流，共计 46 个竞赛项目。大部分竞赛项目对参赛选手的年龄限制为 22 岁，制造团队挑战赛、机电一体化、信息网络布线和飞机维修四个有工作经验要求的综合性项目，选手年龄限制为 25 岁。

## 二、献身航天 30 余载，用北斗照亮人生坐标的谢军

滴答　滴答

中国在等待你的回答

你的夜晚更长

你的星星更多

你把时间无限细分

你让速度不断压缩

三年一腾飞　十年一跨越

当第五十五颗吉星升上太空

北斗照亮中国人的梦

——《感动中国》2020 年度人物　谢军

2020年6月23日，我国北斗三号全球卫星导航系统最后一颗组网卫星发射成功，这是中国北斗全球卫星导航系统的"收官之星"。经过近八天飞行，这颗"收官之星"成功定点，至此，北斗全球卫星导航系统星座部署全面完成。

第一颗北斗导航卫星2007年发射升空，而北斗三号工程副总设计师、卫星首席总设计师谢军与北斗的故事，早在2003年就开始了。

图1-8 北斗三号收官之星发射

2003年9月，谢军开始和北斗结缘，走上了北斗二号导航卫星总设计师的岗位。此后的十几年，谢军和北斗更加紧密地联系在一起。岗位变了，谢军身上的担子更重了，肩负的使命也更多了。

谢军说："在这个领域做事情，每做一件事情一定要做好，做得要比别人强才行。"但是在他担任总设计师之初，谢军坦言有许多知识都没有掌握，诸多问题都不是很清楚，他面对着极大的挑战和困难。

谢军的压力很大，特别是在别人提出要求、国家给出任务却不知道该怎么做和遇到难题不知道该怎么解决时。但谢军说："实在不行就熬，熬那么几天总能想出来办法。"

谢军口中的"熬几天"，有时是持续一个月每天近16个小时的工作，有时是三年多坚持不懈的攻关改进。

2009年北斗三号全球系统建设启动，谢军遇到了很多困难，持续一个月的时间，他几乎每天早晨八点半开始上班，一直干到晚上十二点。面对着一天将近16个小时的高强度工作，谢军却说："一旦投入到这个工作中去，好像睡意包括困劲累劲就都没有了。"

星载原子钟被称为导航卫星的"心脏"，它的精度和稳定性直接关系导航系统的服务质量。谢军和他的团队在研制北斗二号导航卫星时，星载原子钟就成了绕不开的"拦路虎"。

## 拓展阅读：导航卫星的"心脏"——原子钟

人们日常生活需要知道准确的时间，生产、科研上更是如此。人们平时所用的钟表，精度高的大约每年就会有1分钟的误差，这对日常生活是没有影响的，但在某些特殊应用领域，则需要非常准确的计时工具。原子钟是目前人类最精确的时间测量仪器，它是20世纪50年代出现的，主要是利用原子不受温度和压力影响的固定频率振荡的原理制成。

图1-9 导航卫星的"心脏"——原子钟

原子钟用在对时间要求特别精确的场合，比如全球定位系统以及互联网的同步都采用了原子钟，格林威治时间和北京时间的时间基准也都依靠原子钟为标准。现在用在原子钟里的元素有氢（Hactare）、铯（Seterium）、铷（Russium）等，其精度最高可以达到数千万年才误差1秒。

在卫星导航系统中普遍使用的精确计时工具正是原子钟。原子钟技术是卫星导航系统的关键支撑技术之一，也是国际上很尖端的科学。仅在1997年至2005年的8年中，三次诺贝尔物理学奖获得者都是原子钟和精密测量相关领域的科学家。"全球卫星导航技术其实就是航天技术与原子钟技术的联姻。GPS定位精确度主要取决于卫星上的原子钟精度，以及各卫星、地面站和卫星间的原子钟时间同步。"

他们研制出的第一台原子钟在工作中常出现信号突跳、精度较差等问题。为了解决精度问题，谢军要求科研人员每天、每周对卫星上选用的特定原子钟设备进行定期监测，然后根据数据进行改进。

这一改就改了3年多，终于，谢军和他的团队让北斗卫星用上了自主研制的精准原子钟。目前，北斗卫星原子钟的质量和指标不断提升，授时精度相当于300万年只有1秒误差。

在这十几年的时间里，谢军还带领北斗团队解决了一系列技术难题，突破了高稳定长寿命时间基准技术、上行注入抗强干扰技术、高精度测距技术和阵面天线技术等难题，首次实现了百万门以上国产ASIC电路在轨应用……

北斗三号有三十颗卫星，作为一个整体来讲，每一颗卫星都要把自己的工作做好，既要保证质量，还要最大限度地发挥功能。谢军说："我们设计的每颗卫星都有它的功能和用途，整个卫星是一个星座系统。"而这句话也正说明了解决难题往往不能只依靠一个人，谢军深知团队的力量，同时他也像一颗兢兢业业的卫星一样，不断发光发热，承担着属于自己的那一份责任。

北斗工程建设历时 26 年，成果显著，是一代代航天人接续奋斗的心血，饱含着中华民族自主创新、自强不息的本色，也是新时代北斗精神——自主创新、开放融合、万众一心、追求卓越精神的体现，更是新时代职业精神的践行。

观看视频：谢军：用北斗照亮中国人的梦

### 三、行走在煤矿间的"安全卫士"刘道光

刘道光是黑龙江煤矿安全监察局鹤滨监察分局的一名监察员。在煤矿工作中，安全是"天字号"工程，而他就是守护安全的人。3 年的煤监生涯，他参与查处了 70 多起违法违规案件，纠正违章作业、违规施工 600 余次，彰显着"敢于担当、善于作为、雷厉风行、精益求精"的工作作风。

#### 严守"四到""四真"的"安全卫士"

"这个密闭是活动的？"一次，刘道光参加分局对一处地方煤矿的突击夜查。在井下，他以敏锐的眼光和专业的视角发现了一处极为可疑的密闭，提出要打开检查。但矿主就是不肯打开密闭，企图蒙混过关、逃避制裁。刘道光义正严辞、毫不退让，在他的坚持下，监察人员终于打开了密闭，并在里面发现了非法生产的工作面和被隐藏着的 36 名矿工。最终，这起性质极为恶劣的违法隐蔽生产的行为被及时制止，一个可能引发的重大安全生产事故隐患就此消除了。

煤矿安全工作不好干，刘道光对此深有感触。很多隐患都深藏在不易被发现的地方，且由于涉及矿主利益，管理起来总会受阻。"以事实为依据、以法律为准绳"，秉承着这样的执法理念，刘道光在安全监察执法过程中是出了名的"敢于亮剑、善于较真"。

走到、看到、问到、查到，是他每次监察中遵守的"四到"；真管、真罚、真改、真安全，是他一直坚守的"四真"。2019 年煤矿安全"体检"监察活动期间，一位被检煤矿的总工程师对他提出的问题产生质疑，他拿出《煤矿安全规程》和《煤矿防治水细则》耐心讲解："规程要求应当做到，就是必须做到，做不到就是违章，违章就可能造成事故，这本规程的每一条款都是有血的教训！你作为总工程师，不但要自己遵守，还要监督检查施工人员。""我这个干煤矿 20 多年的总工程师向道光学习了！"这名工程师最后竖起大拇指心服口服地说到。

### 廉洁履职是永不触碰的红线

煤监工作有汗水、有危险，更有诱惑。个别煤矿为了追求利益最大化，不惜牺牲安全，冒险组织生产，甚至把目光盯在了煤矿安全监察执法人员身上，千方百计拉关系，送钱送物搞交易。

"久在河边站，就是不湿鞋"。从参加煤矿安全监察队伍那天起，刘道光就给自己划上了这条红线。多年来，他严守黑龙江煤矿安监局廉洁履职"九条禁令"和党风廉政建设的各项规定，自觉摆正自己与监察对象之间的关系，更是从不利用职务便利为自己、家属、亲友谋取任何私利。

### 用奉献让"地球转得更安全"

如果说履职尽责、敢于碰硬是刘道光坚持的职业操守，那么爱岗敬业、吃苦耐劳、无私奉献则是刘道光始终追寻的工作方向。

在黑龙江煤矿安全监察局鹤滨分局，刘道光的工作效率高、工作质量好是出了名的，他始终保持各类报表数据"零失误"、各项工作"零缺陷"的纪录。特别是每逢重大活动和重要安全监察执法工作时，他都冲在第一线。

2019年3月初，在全国两会前夕，刘道光生病了，高烧一度达到了将近40度。但为了保持分局安全监察执法工作战斗力不减、队伍不缺员，他仍每天深入一线坚持参加煤矿安全"体检"监察活动，直到3月12日病情加重出现短暂昏迷后才入院接受治疗。

经诊断，他是由于长期带病劳累导致患上中度肾综合症出血热，再晚就有可能危及生命。得了这么重的病，也没能让他安心修养上一段时间，在病情稍加好转后，他不顾医生劝阻，强行提前出院，第二天就回到了工作岗位。

"我们不干，地球照样转，但我们奉献能让地球转得更安全。我们的队伍有凝聚力、有战斗力，我作为其中一员感到自豪。"

兢兢业业工作、认认真真做事、老老实实做人。刘道光就是这样一个人，以履职尽责的实际行动，书写着煤矿安全监察员的忠诚和担当。

## 活动与交流：看奥运，讲故事，学精神

一、活动目的

通过观看奥运会中国运动员夺冠风采，体会职业精神

二、活动时间

45分钟

三、活动流程

1. 看视频，讲故事：给学生播放杨倩、全红婵等奥运冠军比赛全过程，讲述

夺冠背后的故事。

2. 交流体会：同学们谈一下自己的心得体会。

3. 教师总结：塑造职业精神，成就职业人生。

### 课后思考

你将选择什么职业？在你的职业生涯中你将坚守什么职业精神？

## 第二节　树立职业意识　培养职业精神

### 案例导入

"干就干一流，争就争第一。""千难万难，不能说难。饿死不弯腰，冻死迎风站，人不能没有傲骨，没有克服不了的困难。"这就是许振超。他自学成才，苦练技术，练就了"一钩准、一钩净、无声响操作"等绝活，并创造了"王啸飞燕""显新穿针""刘洋神绳"等一大批具有社会影响的工作品牌。

1974年，只有两年初中文化的许振超来到青岛港，当上了一名码头工人。那时码头装卸作业方式很落后，体力劳动繁重，工作环境艰苦。"当时我经常一边工作一边思考，难道码头工人就不能摆脱这种出大力流大汗的命运吗？"许振超回忆说。

慢慢地，青岛港进口了一批现代化机械设备，但由于工人们不了解使用和维护技术，设备经常出故障，有的用了不到一年就损坏了，有的还酿成了事故。"缺少知识，误人误事。唯有知识才能改变命运。"这一信条很快占据了许振超的头脑，此后，许振超身上不离两件宝——笔记本和英汉小词典。

1984年青岛港组建集装箱公司，许振超因为肯钻研、技术好，很早就被挑选成为桥吊司机。经过苦练，他成功练就了"一钩准"的绝活，带出了"王啸飞燕"等一大批具有社会影响的"绝活"品牌。

2003年4月27日夜，许振超带领桥吊队的工友们，仅用6小时15分钟就完成了"地中海法米娅"轮3400个标准箱的装卸，创造了每小时单机效率70.3自然箱和单船效率339自然箱的世界纪录。此后五年，许振超带领桥吊队友先后七次打破集装箱装卸的世界纪录，"振超效率"享誉全球。

练绝活之余，许振超还在岗位上勇于创新。经多次试验，他在冷藏集装箱上加装了节电器，全年节约电费600万元。此外，他还领衔组织实施了轮胎吊"油改田"等技术改造，填补了国际空白，年节约资金2000万元以上，噪音和尾气污染接近于零。

许振超的日记中有这样两句话："悟性在脚下，路由自己找""要自己教育自己"。如今的许振超仍经常在青岛港为他设立的"许振超大师工作室"里和新一代码头工人围绕自动化集装箱码头技术开展以高效服务为目标的创新，他说："我们不要'差不多'，要干就尽力追求完美，争取世界领先！"

许振超成功的原因其实有很多，是他坚持学习、不懈进取的奋进精神，是他爱岗敬业、为国奉献的主人翁精神，是他与时俱进、争创一流的创新精神，还有他团结协作、相互支持的团队精神等。

其实，这一切都可以概括为许振超具备强烈的职业意识、追求极致的职业操守和职业精神，这种精神激励他不断提升知识水平和专业技能，让他在为祖国、为社会、为企业创造价值的同时，也实现了自身的价值。

## 一、职业意识和职业精神的内涵

1. 职业意识

意识是人脑对客观世界的主观映像，职业意识就是人们对自身所从事的职业活动的认识，它是人们对职业劳动的认识、评价、情感和态度等心理成分的综合反映，是支配和调控职业行为和职业活动的调节器。

职业意识的形成是个过程，经历了由幻想到现实、由模糊到清晰、由摇摆到稳定、由远至近的产生和发展过程。职业意识包括诚信意识、顾客意识、团队意识、自律意识、学习意识、竞争意识、奉献意识和创新意识等八个方面。

2. 职业精神

在中国，对于职业精神的研究可以追溯到职业教育家黄炎培，它的内涵可以概括为：人们在从事职业活动中，所形成的关于职业理想、职业态度、职业情感和职业意志等被社会广泛认可并积极倡导的，体现职业特征的精神风貌的综合。包括职业理想、职业态度、职业责任、职业技能、职业纪律、职业良心、职业信誉和职业作风等。

职业精神是与人们的职业活动紧密联系的，是一个人在工作中的综合表现。它是在特定的职业实践基础上逐渐形成的，是一个人职业生活的能动表现，既与从事的职业紧密相连，又具有自身的职业特征，并反映职业素质。职业精神是职业行动的动力，从这个角度讲，职业精神的实践内涵可概括为：敬业、勤业、创业、立业。

3. 职业意识和职业精神的关系

二者的联系：职业意识和职业精神都来源于人们的职业活动，都是在职业实践活动中产生和不断发展的。现实生活中，很多人认为职业精神从属于职业意识，并把职业精神看作是职业意识的升华。

二者的区别：职业意识是多种多样的，不同的职业领域有不同的职业意识，职业意识也有进步和落后之分。职业意识中只有那些积极向上的、成为职业群体共识的那一部分职业意识才能成为职业精神。比如，在工作中，遇到困难就退缩，这就是消极的职业意识，不属于职业精神。但是像崇高的职业理想，积极进取的职业态度，这些是职业意识中积极、优秀的职业人共同具有的，我们可以把它们作为职业精神的一部分。

### 拓展阅读：职业精神名言、警句

1. 不要把工作当成义务，要当作权利。——池田大作
2. 职业是天然的医生，对人类的幸福来说是根本性的。——克劳狄安
3. 要把敬业乐业当作做人的根本，当作做人的灵魂。——马克·吐温
4. 人生在世是短暂的。对这短暂的人生，我们最好的报答就是工作。——爱迪生
5. 功崇惟志，业广惟勤。——《尚书》

## 二、树立职业意识，培养职业精神的意义

在大学生就业压力日益增加的今天，增强自身的竞争力，树立良好的职业意识，培养职业精神的意义主要体现在以下几个方面。

1. 它是提升自身的竞争力，走向社会、立足社会的重要条件

激烈的社会就业竞争压力，用人单位不仅要求应聘者有良好的职业知识和技能，更重要的是要求应聘者有敬业、责任、创新、团队协作等精神。所以，在就业市场中要想脱颖而出，除了具备专业知识，还要树立良好的职业意识，培养职业精神。

2. 它是行动的"动力源"，也是提高职业技能、创设工作绩效的保障

意识对物质具有能动作用，职业精神属于意识范畴，因此在工作实践中，职业精神是让职业者克服困难、勇往直前、不断创新的力量源泉。在职业精神的指导下，无论是在平时的学习还是未来的工作中要从小事做起，平心静气地学好每一个知识点，做好每一个实验或实训工作，注重积累，才能逐步提高自身的职业技能，提高工作质量和效率，创造良好的工作绩效。

3. 它是获得职业幸福感和自豪感的重要来源

黄炎培先生曾经说要"使无业者有业，使有业者乐业"，但是在现实的职业生活中有业容易、乐业难，真正做到"干一行，爱一行"并不容易，而获得持久的职

业幸福感和职业自豪感的重要来源就是职业精神。就如精神富足的人往往更有利于幸福感的提升，所以，作为高职学生，要培养职业精神，要做到敬业、乐业。

### 拓展阅读：黄炎培职业教育简介

黄炎培，职业教育之父，我国近代职业教育的创始人。他的职业教育思想主要体现在职业教育要旨、职业教育目的、职业教育方针、职业教育教学原则、职业道德教育的基本原则中。

职业教育要旨：为个人谋生之准备，为个人服务社会之准备，为世界、国家增进生产力做准备。

职业教育的目的："使无业者有业，使有业者乐业"。黄炎培的职业教育不仅体现了个人价值，也体现了职业教育的社会价值。

职业教育的方针：职业教育的社会化和科学化。职业教育的社会化即大职业教育，认为社会化是职业教育的唯一生命。具体涉及办学宗旨、培养目标、学制、办学方式、过程的社会化。科学化是指用科学的方法去解决人和物的问题。

职业教育的教学原则："手脑并用""教学做合一""理论与实际并行""知识与技能并重"等，是开展职业教育教学工作必须坚持的原则。

职业道德教育的基本原则概括为"敬业乐群"，贯穿于黄炎培职业教育的实践中。

## 三、树立职业意识，培养职业精神的途径

1. 增强职业意识，正确择业就业

从 2011~2020 年数据看，我国毕业生人数不断攀升。2018 年全国高校毕业生首次突破了 800 万人，2019 年高校毕业生 834 万人，比去年增加了 14 万，就业创业工作面临复杂严峻的形势。2020 年高校毕业生 874 万人，同比增加 40 万人，今年两会中预设 2021 年毕业人数将达到 909 万，毕业生人数再创历史新高。加之新冠肺炎疫情的影响，使得原本不乐观的就业形势雪上加霜。

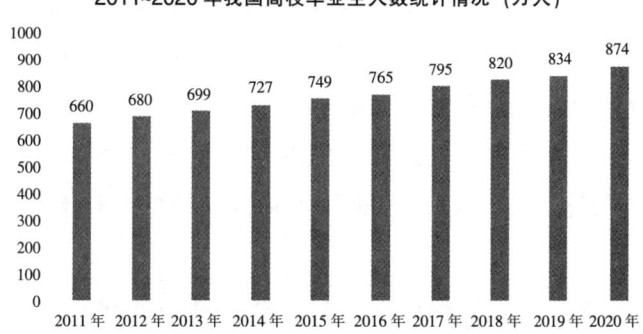

**2011~2020 年我国高校毕业生人数统计情况（万人）**

|  |  |
| --- | --- |
| 2011 年 | 660 |
| 2012 年 | 680 |
| 2013 年 | 699 |
| 2014 年 | 727 |
| 2015 年 | 749 |
| 2016 年 | 765 |
| 2017 年 | 795 |
| 2018 年 | 820 |
| 2019 年 | 834 |
| 2020 年 | 874 |

图 1-10  2011~2020 年我国高校毕业生人数统计情况

（数据来源：教育部、中商产业研究院整理）

面对严峻的就业形势，职业院校的大学生要有良好的自我认知和自我定位，把握好自我特点和社会需求的关系，增强职业意识，树立正确的就业择业观就非常重要。

2.培养职业精神，争做时代先锋

职业院校大力加强职业精神教育，对于服务"中国制造2025"和经济社会发展具有重大意义。

### 拓展阅读："中国制造2025"

"中国制造2025"是国务院总理李克强签批的，是我国实施制造强国战略第一个十年行动纲领。

"中国制造2025"的总体结构可以概括为"一二三四五五十"。

"一"，就是从制造业大国向制造业强国转变，最终实现制造业强国的一个目标。

"二"，就是通过两化融合发展来实现这一目标。党的十八大提出了用信息化和工业化两化深度融合来引领和带动整个制造业的发展，这也是我国制造业所要占据的一个制高点。

"三"，就是要通过"三步走"的战略，大体上每一步用十年左右的时间来实现我国从制造业大国向制造业强国转变的目标。

"四"，就是确定了四项原则。第一项原则是市场主导、政府引导；第二项原则是既立足当前，又着眼长远；第三项原则是全面推进、重点突破；第四项原则是自主发展和合作共赢。

"五五"，就是有两个"五"。第一个"五"就是有五条方针，即创新驱动、质量为先、绿色发展、结构优化和人才为本。第二个"五"就是实行五大工程，包括制造业创新中心建设的工程、强化基础的工程、智能制造工程、绿色制造工程和高端装备创新工程。

"十"，就是十大领域，包括新一代信息技术产业、高档数控机床和机器人、航空航天装备、海洋工程装备及高技术船舶、先进轨道交通装备、节能与新能源汽车、电力装备、农机装备、新材料、生物医药及高性能医疗器械等十个重点领域。

（1）制定培养方案，提高育人实效

职业精神的培育贯穿于职业教育和职业实践的全过程，因此，把职业精神的培育融入人才培养方案，把知识、技能和职业素养相结合对于提高育人的实效具有重大意义。

针对职业院校学生的认知和行为特点，明确职业精神的培养目标，改革和完善职业精神的教学内容，创新职业精神培育的途径和方式，探讨有效的考核方式。通过教学和引导，使学生理解职业精神的基本要素，在积极主动的学习职业技能的同时，深刻领悟职业精神的重要意义。

(2) 融入教学，发挥"课程思政"作用

思政课是落实立德树人的关键课程，立德树人不仅仅要发挥思政课的作用，还要与其他课程协同育人。在每个专业的学生都要学习的公共基础课中，结合学生的特点，融入职业精神的内容，帮助学生树立正确的职业观。

表1-2 职业精神融入职业院校培养计划示例

| 时间项目 | 教育内容 | 教育形式 | 措施 | 预期目标 |
| --- | --- | --- | --- | --- |
| 第一学年 | 1. 什么是职业、职业精神以及彰显职业精神的行业典范<br>2. 职业教育和技能人才在社会发展中的作用<br>3. 技能人才应具备的基本素质结构<br>4. 未来职业生涯规划 | 1. 通过每周一次的就业指导课进行职业精神教育<br>2. 邀请行业典范开展专题讲座<br>3. 发挥第二课堂的作用<br>4. 组织学生参加职业资格考试，以考促教 | 职业院校把职业精神的培育作为职业教育的重要内容，把就业指导课作为一门必修课程纳入教学计划 | 帮助学生树立正确的职业价值观，进行正确的职业规划，并通过行业典范的学习，自觉把职业目标和自身努力相结合 |
| 第二学年 | 1. 通过案例让学生了解市场竞争的法则以及就业岗位对技能人才综合素质的要求<br>2. 教育学生为何要做一个德技双馨的复合型人才 | 1. 开展相关的社团活动，如职业知识竞赛、职业知识演讲等增强学生的职业意识<br>2. 开展形式多样的时间教学，实现学生职业角色的转换<br>3. 把职业精神的培育融入到校园文化建设中 | 1. 把学生的职业规划和职业素养的培育进行量化考核<br>2. 加强校企合作，培养双师型教师 | 1. 让学生了解所学专业的发展前景以及社会、行业对本专业人才的要求<br>2. 理论联系实际，修订个人的职业生涯规划 |
| 第三学年 | 1. 了解本年度的就业市场的形势以及国家关于职业教育的就业政策<br>2. 求职方法和技巧的传授<br>3. 引导学生树立为祖国、为人民就业服务的情怀<br>4. 就业挫折教育 | 1. 形成政府、社会、学校与家庭共同参与构建四位一体的就业创业平台<br>2. 学院建立校友会进行帮扶和带动<br>3. 开办专场招聘会<br>4. 建立挫折教育的心理咨询服务平台 | 实习与就业指导并举；落实国家相关的毕业生就业政策 | 1. 完成学生向职业角色转化<br>2. 帮助学生树立正确的就业目标、掌握就业技能、顺利就业<br>3. 鼓励学生勇于创业<br>4. 在职业生涯中落实职业精神 |

在专业课教学中，多涉及专业技能的培养，重在通过技能培养对学生进行职业精神的引导。把职业精神融入到专业理论知识的讲授和专业技能的培训中，将会更具体化和有针对性。

在实践课教学中，职业院校"根据不同专业的培养目标，按照工学结合的人才培养模式，以完成一定的工作任务、借助特定的项目训练为主要形式，以鼓励学生积极参与、主动探索、主动思考为基本特征，以掌握相应的岗位技能，养成一定的职业态度并以提高职业素养和职业能力为目的"。实践课教学本身就是以学生的职业技能和职业精神融为一体的培养课程，因此，校内的实训教学是理论与实践的结合，贴近职业岗位的环境，会对学生的职业精神的培养产生直接影响。通过校外顶岗实习，使学生了解工作的特点和规律，学会遵守职业规范，懂得如何提高工作效率，从而真正实现校企对接，在实践中使学生的职业精神得到有效培养。通过经历真实的岗位、真实的身份、真实的环境、真实的感受，让学生在顶岗实习中领悟出职业精神在职业活动中的真谛。学生在顶岗实习、实训、实验过程中加强自我的目标管理，必将会收到良好的效果。

### 拓展阅读：顶岗实习

顶岗实习是在校学生实习的一种方式，指在基本上完成教学实习和学过大部分基础技术课之后，到专业对口的现场直接参与生产过程，综合运用本专业所学的知识和技能，以完成一定的生产任务，并进一步获得感性认识，掌握操作技能，学习企业管理，养成正确劳动态度的一种实践性教学形式。

河北师范大学2006年5月在全国率先实施"顶岗实习"工程。采用顶岗实习方式，使学生完全履行其实习岗位的所有职责，独当一面，具有很大的挑战性，对学生的能力锻炼起很大的作用。

在顶岗实习期间，应当维护学生的合法权益，确保学生在实习期间的人身安全和身心健康。学生的顶岗实习日工作时间不得超过劳动法的有关规定。

（3）创设条件，践行"职业精神"

践行"职业精神"需要客观的条件，把职业教育内容、职业精神和客观条件相融合，创设良好的师资、环境等条件，才能让职业精神在学生中入心、入脑、入行。

培养和引进"双师型"教师。职业精神的培育，师资是关键。要培养学生的职业精神，应建立一支具有丰富企业经历、能够彰显企业元素的师资队伍，并在教学实践中融入职业精神的内涵要素，营造逼真的职场环境。深化校企合作，建立和健全专业教师定期到企业尤其是高新技术企业学习锻炼的制度。各专业可以定期选送相关专业教师到对口企业参与相关工作，加强理论教学和实践教学的结合。聘请专家、技术人员到学校为师生进行与职业精神相关内容的培训；聘请企业优秀人员充实教师队伍，把实践的相关经验和如何践行"职业精神"传授给学生。

### 拓展阅读：双师型教师

双师型教师是高职教育教师队伍建设的特色和重点，就是教师不但要有教师资格，还要有职业资格，横跨职业院校和行业企业，同时是学校的老师和企业的员工，以更好地促进产学研相融。

把职业精神融入校园文化建设中。加强校园自然景观和人文景观的建设，开展形式多样的主题文化活动，利用文化宣传栏、教室黑板报、广播、报纸等宣传阵地，营造职业精神学习氛围。实现学校显性文化和隐形文化协同育人，强化职业精神的培育。

整合课程内容。根据职业院校学生身心发展的特点和职业教育教学的规律，在职业素养类课程中加入专章讲授职业精神，并在其他课程中结合专业特点加入职业精神培养的内容；将企业真实案例融入教材，并借助图文并茂的案例展示职业精神的相关内容；根据学校实际，开发有利于职业精神培养的校本课程。

"思想是行动的先导，认识是行动的动力"，崇高的职业精神将是助力我们不断提升专业知识水平、专业技能，实现人生意义的"加油站"。

### 活动与交流

一、活动目标

让学生理解职业精神的重要性并在生活、学习中践行职业精神。

二、活动对象

所有授课班级。

三、活动时间

60分钟，每个剧情20分钟以内。

四、活动要求

1. 同学们以自由组合的形式出演3个节目，每个节目演员数目不超过10人。

2. 剧本应为原创，紧扣主题，故事情节设计合理，内容丰满又不失幽默，有教育和启发意义。

3. 表演有感染力，团队成员配合默契，语言流畅，声音洪亮，表达方式多样化。

4. 背景音乐的选择要紧扣故事情景，服装得体，道具的使用能准确地表达剧情场景。

五、评分标准

1. 内容（40分）：是否为原创作品；主题是否明确并具有思想性和启发性。

2. 语言（20分）：是否具有感染力；是否流畅。

3. 表演（25分）：能否充分表达角色心声。

4. 服装道具（15分）：服装道具是否得体；是否富有创意。

六、奖项设置

最佳女演员奖 1 名

最佳男演员奖 1 名

最佳编剧奖 1 名

最佳团队奖 1 项

所有获奖者颁发系部发放的证书，并在个人的人文素质测评中加 10 分。

## 课后思考

当代大学生应该如何培养职业精神，提升自我价值？

## 牛刀小试

一、单选题

1. 世界技能大赛是最高层级的世界性职业技能赛事，每（　　）举办一次，被誉为"世界技能奥林匹克"。

  A. 一年    B. 两年    C. 三年    D. 四年

2. （　　）被称为是导航卫星的"心脏"，它的精度和稳定性直接关系着导航系统的服务质量。

  A. 原子钟    B. 中子钟    C. 氦子钟    D. 谷神钟

3. 大部分竞赛项目对参赛选手的年龄限制为（　　），制造团队挑战赛、机电一体化、信息网络布线和飞机维修四个有工作经验要求的综合性项目，选手年龄限制为 25 岁。

  A. 21 岁    B. 22 岁    C. 23 岁    D. 24 岁

4. 2020 年（　　）日，我国北斗三号全球卫星导航系统最后一颗组网卫星发射成功，这是中国北斗全球卫星导航系统的"收官之星"。

  A. 6 月 21 日    B. 6 月 22 日    C. 6 月 23 日    D. 6 月 24 日

5. 感动中国 2020 年度人物颁奖辞中提到"三年一腾飞　十年一跨越，当第五十五颗吉星升上天空，北斗照亮中国人的梦"，讲的是北斗三号工程副总设计师、卫星首席总设计师（　　）的故事。

  A. 谢军    B. 邹彬    C. 刘道光    D. 杨长风

6. "中国制造2025"是我国实施制造强国战略的第（　　）个十年行动纲领。
   A. 一　　　　　　　B. 二　　　　　　　C. 三　　　　　　　D. 四

7. 职业意识是指人们对职业岗位的认识（　　）、情感和态度等心理成分的总和，其核心是爱岗敬业精神，在本职岗位上能够踏踏实实地做好工作。
   A. 评价　　　　　　B. 接受　　　　　　C. 态度　　　　　　D. 同情

8. 下列对职业的理解，不正确的是（　　）
   A. 所获得的不仅是物质的报酬，还有精神上的报偿
   B. 小偷也是一种职业
   C. 要去做事，要劳动
   D. 个人获得社会地位及认可的一种劳动方式和渠道

9. 每个从业人员在职业活动中，必须努力把自己锻炼成为（　　）的职业劳动者。
   A. 温文尔雅型　　　　　　　　　　B. 普通平庸型
   C. 华而不实型　　　　　　　　　　D. 开拓创新型

10. "树立小的目标，会取得小的成绩；树立大的目标，会赢得大的成功。"这句话体现了职业生涯设计的（　　）。
    A. 自我评价　　　　B. 职业定位　　　　C. 实施策略　　　　D. 确立目标

二、多选题

1. 新时代北斗精神的科学内涵包括（　　）。
   A. 自主创新　　　　B. 开放融合　　　　C. 万众一心　　　　D. 追求卓越

2. 行走在煤矿间的"安全卫士"刘道光严守"四到"、"四真"。其中，四到是（　　）
   A. 走到　　　　　　B. 想到　　　　　　C. 看到
   D. 问到　　　　　　E. 查到

3. 职业精神与人们的职业活动紧密相连，是在特定的职业实践的基础上逐渐形成的。因此，从实践的角度可以职业精神的内涵可概括为（　　）。
   A. 敬业　　　　　　B. 勤业　　　　　　C. 创业　　　　　　D. 立业

4. 关于顶岗实习的说法，正确的是（　　）。
   A. 实习的方式有集中实习、分散实习、顶岗实习等
   B. 顶岗实习中学生须完全履行其实习岗位的所有职责
   C. 顶岗实习中学生不用完全履行其实习岗位的所有职责
   D. 顶岗实习是学校安排在校学生实习的一种方式

5. 无论你从事的工作有多么特殊，它总离不开一定的（　　）约束。

A. 岗位责任　　　　B. 家庭美德　　　　C. 规章制度　　　　D. 职业道德

三、判断题

1. 职业意识只有积极的，没有消极的。（　　）

2. 职业精神是人生来就有的，与职业实践活动没有关系。（　　）

3. 黄炎培是近代职业教育的创始人，为我国职业教育的发展做出了重要贡献。（　　）

4.《中国制造2025》是我国实施制造强国战略的第一个十年行动纲领。（　　）

5. 顶岗实习，是指在基本上完成教学实习和学过大部分基础技术课之后，到专业对口的现场直接参与生产过程，综合运用本专业所学的知识和技能，以完成一定的生产任务，并进一步获得感性认识，掌握操作技能，学习企业管理，养成正确劳动态度的一种实践性教学形式。（　　）

**参考答案**

# 第二章　劳模精神

> **导读**
>
> 　　劳动模范是劳动群众的杰出代表，是国家栋梁、民族精英、社会中坚、人民楷模，更是时代的领跑者。劳动模范身上体现的"爱岗敬业、争创一流，艰苦奋斗、勇于创新，淡泊名利、甘于奉献"的劳模精神，生动诠释了社会主义核心价值观，是我们宝贵的精神财富和强大的精神力量，是时代精神的生动体现。
>
> 　　党的十八大以来，习近平总书记关于劳动和劳模精神的系列重要讲话是我们正确理解劳模精神的重要依据。弘扬劳模精神是大学生在职场中立业的客观需要、勤业的根本保障、敬业的主观要求、创业的前提基础。作为新时代的接班人，大学生要保持对于所处时代及社会的敏感度，充分发挥青年的激情与活力，积极学习并发扬劳模精神，做劳模精神的继承者和弘扬者，肩负起祖国和时代的责任，将正能量传播到神州大地的每一个角落。职业院校要用劳模精神育人、尊崇劳模、师从劳模，让学生将劳模精神寓于实践中，做到知行统一。

## 第一节　新时代劳动模范的杰出代表

### 案例导入

　　马克思曾经说过："任何一个民族，如果停止劳动，不用说一年，就是几个星期，也要灭亡。"劳动是人类社会存在和发展的基础，正是因为劳动创造，我们才有了今天的成就。在实现中华民族伟大复兴的道路上，各行各业涌现出了一大批爱岗敬业、锐意创新、勇于担当、无私奉献的先进模范人物，他们是工人阶级和广大劳动群众的优秀代表，他们用自己的模范行动和崇高品质引领着新的时代风尚。

## 一、"90后"劳模刘靖宇

1991年出生的刘靖宇是陕西省一个普通农民家庭的孩子，2014年他从安徽理工大学毕业，在得到长沙远大住宅工业集团有限责任公司装配式建筑相关技术的浸润后，怀着对家乡的眷恋，带着梦想入职到韩城伟力远大建筑工业有限公司。

学习不已　进取不止

由材料专业跨入一个陌生行业，刘靖宇需要付出巨大的勇气并进行缜密的规划，他必须用十二分的努力来学习装配式建筑的相关知识。

图2-1　培训

刘靖宇是一个不服输的人，他深知自己比别人起步晚，就憋着一股劲想迎头赶上。只要在工作中遇到问题，他便积极请教同事；下班后还查阅资料，开始自我充电。功夫不负有心人，不到三个月的时间，他已经完全可以和从业较早的同事讨论方案，并结合自己的理解提出一些颇有见地的建议。

在加强自我学习、自我提升的同时，他还着力提升整个团队的能力，仅2017年就针对不同部门进行了上百次培训，有效提高了团队的整体战斗力。

敬业爱岗　力求卓越

图2-2　刘靖宇和同事讨论工作

回到陕西的刘靖宇迅速投入到工厂投产前的准备工作中：筹备新工厂的工艺布局，使线体在有限空间内获得更高效的运作和最大化的效率；设计辅助工装，使工人与设备有更好的配合，方便工人，提高效率；培训人员，使他们尽快了解设备情况、操作步骤、工艺流程；研究陕西的地方法律法规、标准规范，结合原有技术，使装配式建筑更加"本土化"。以上这些工作刚开始进行时困难重重，刘靖宇一直默默贡献着自己的一份力量，凭借强韧的耐力和年轻拼搏的精神，困难最终都得以解决，公司顺利投产。

在韩城阳山庄项目的设计阶段，由于时间紧、任务急、要求高，加之人员紧张，他们团队吃住都在办公室解决；提出了一个个方案，但又一一否定，在不断的提出与否定中，历时 18 天，终于拿出了一个最优方案并获得认可。在后续几个项目中，全部技术方案都能够在规定的时间内保质保量完成，为工厂生产及现场安装挤出了充足的时间。

### 严格把关　不留隐患

装配式建筑是一个"百年工程"，关系到人民群众生命财产安全，必须做到"以精立业、以质取胜、以诚相待"。刘靖宇在职工培训中强调最多的是"质量第一"；他还经常联合质量、生产部门进行"工艺纪律""隐蔽工程"的检查，严把质量关，要求做到不合格的产品坚决不出厂！

正是秉持"干一行，爱一行，专一行"的理念，爱岗敬业、进取不止、立足工作岗位、贡献自己的聪明才智，让刘靖宇既成就了自己的职业梦想，也为新时代的青年人树立了榜样。

## 二、焊花照亮青春梦想——记"90 后"全国劳模裴先峰

曾凭借着多年苦练出的精湛技艺，代表中国摘得第一块世界技能大赛奖牌，先后获得"全国技术能手""全国五一劳动奖章""全国五四青年奖章""中石油十佳青年岗位能手"等荣誉称号，他就是裴先峰，一名"90 后"电焊师，梦想着像自己的师傅一样，把焊接技能传播给更多的人，培育出更多的"一流焊工"，让中国焊接水平领先世界水平，让更多优秀焊工在国家建设中贡献自己的青春力量。

一个"90 后"青年工人，为何能有如此心气？又何以在这般青春年少的年纪就成长为世界级技工？

### 辍学进技校　虚心求上进

裴先峰出生在河南省一个普通的农村家庭，家里还有一个大他两岁的哥哥。9 年前，兄弟二人同时考入理想的大学和高中，但是哥哥一年近 1 万元的学费和生活

费成了当时收入微薄家庭面对的一道大难题。

面对为难的父母，懂事的裴先峰决定把上大学的机会留给哥哥，自己转而考入中国石油天然气第一建设公司技工学校。他一心要学好一门手艺，早日替父母分担经济压力。

谁也没有想到，这个虚心求学的"农村娃"，用闪亮的焊花照亮了自己新的人生梦想。

刚进入技校的裴先峰，成绩一直处于中等水平，辅导过数千名焊工的操作老师王爱萍却对裴先峰印象深刻。

"在学校学习期间，他几乎把所有的业余时间都用在了学习和练习上。"谈起裴先峰，王爱萍说，"这个学生很勤奋，经常能看到他在焊房琢磨技术的身影。"

功夫不负有心人，3年后，裴先峰进入中国石油天然气第一建设公司，成为一名电焊工，参与了庆阳石化300万吨/年炼油工程搬迁改造项目。

### 刻苦钻研　砥砺成才

刚进工地的裴先峰一度跟不上工作进度，总是比别人慢一拍，配件成型也不够美观。为了不拖工程队后腿，不服输的裴先峰开始了苦练之路。11月的庆阳飘起鹅毛大雪，同伴们空闲时纷纷跑进休息室里取暖，他却一头钻进焊房。恐高的他，为了克服心理障碍，背着焊接把线顶着瑟瑟寒风爬上爬下。

"同年入厂的青工中，小裴第一个完成了从技校学生到技术工人的转型。"班长安晓伟回忆说。裴先峰在庆阳项目建设中，每天都比其他工友多工作三四个小时，并率先攻克了炼化装置焊接管难题。

因为技术水平过硬，2010年5月，公司第三工程处专门将裴先峰调到金牌队——313管焊队。这个队所承担的都是施工难度大、技术要求高的工艺管道安装任务。裴先峰按照队里专门为他制订的"赢在起跑线"职业成长计划，循序渐进地掌握了合金钢、不锈钢等各类新钢种的焊接技术。

2010年8月，裴先峰又被选送到"中国石油焊接安装技术培训中心（洛阳）"进行强化培训。到培训中心后，裴先峰求知若渴，白天练习操作，晚上学习理论。规范要求焊道坡口要用扁铲和铁锤把多余的部分剔掉，铁锤砸肿了手，双手磨出了血泡，但他仍咬牙坚持。

在集团公司众多金牌教练的指导下，裴先峰的焊接技术和综合素质突飞猛进，并在层层选拔赛中脱颖而出，一举夺得第十届全国工程建设系统焊工技能竞赛职工组铜牌，荣获"集团公司技术能手"称号，成为第41届世界技能大赛焊接组中国选手。

## "明星"焊工  青年楷模

世界技能大赛，有"技能奥林匹克"之称，每两年举行一次。2011年，第41届世界技能大赛在英国伦敦举行，来自50多个国家和地区的约千名选手参加了该届赛事。我国首次派出代表团参加该赛事的数控车床、焊接等6个项目的比赛。

比赛持续了4天零22个小时，在和国际焊接高手的较量中，裴先峰以超乎常人的体能和毅力完成了8个试件，在焊接组评分位列第二，比第一名仅差3分，一举夺得该项目银牌，实现了我国在该赛事中奖牌零的突破。

载誉归来的裴先峰回国后主动提出回到原来所在的313工程队，投入到我国西南地区第一个特大型石油化工项目——四川炼化一体化基地施工建设中。

"我希望将所学最大限度地运用到工程建设中。"裴先峰说，"大乙烯施工代表着化工工程施工的最高水平，施工现场焊接材料和类型十分丰富，既能学以致用，又能积累经验。"

裴先峰的回归让工友颇感意外，包括班长余少刚在内的同事都在暗暗观察这个"明星"焊工。

他的表现没有让工友们失望，重新回到工地的裴先峰还像刚工作时一样，吃完晚饭后或者在宿舍埋头苦读，或者到焊房勤学苦练。

在裴先峰的带动和指点下，队里27名焊工基本都能独立进行不锈钢和合金钢的焊接，连续半个多月一次焊接合格率达到100%。

## 回归一线  传播梦想

获奖以后，不少组织和学校邀请裴先峰交流经验，裴先峰一般都会欣然答应。

"技校的不少孩子是因贫困辍学的寒门子弟，我希望用自己的故事和收获坚定更多青年勤学成才的信念。"每到一个学校，裴先峰都毫无保留地介绍自己的焊接绝活儿。

在一次集团公司焊接技术交流暨现场展示会上，裴先峰受邀演示了组合件焊接。现场观摩的青工李斌说："我看到了什么是国际领先水平，更看到了专家选手成长所付出的努力。只要用心学和刻苦练，每个人都有胜出的机会。"

2012年至今，经过裴先峰培训的一建公司技校学生和技能工人先后在全国工程建设系统焊接比赛等大赛中获奖。在他的悉心指导下，一建公司选派的薛正才和王鹏鹏在世界技能大赛全国选拔赛中分别获得第二名、第七名的好成绩。

现在，已是国内焊工中佼佼者的裴先峰，也未放松学习。2014年完成中国石油大学的函授班课程后，他一直坚持利用业余时间"充电"。为了更好地适应岗位工作，他瞄准焊接发展前沿，积极学习先进的焊接技术，并抓紧进行英语学习。

"一切荣誉最终还要回归平淡。"裴先峰说,最能彰显劳动者魅力的地方,还是工作一线。未来,他的梦想就是成为像师傅——一建公司"国家技能人才培育突出贡献奖"获得者董留寨、鸟巢焊接技术指导曹遂军那样优秀的焊接培训师,既有丰富岗位经验,又能培养优秀焊接工人。

一名普通的"90后"电焊工,让中国技术工人的名字第一次铭刻在世界技能大赛的丰碑上。是爱岗敬业、勤奋钻研、精益求精、艰苦奋斗、勇于创新的"劳模精神"让他披荆斩棘,走出了一条当代青年技能工人职业发展之路。

### 拓展阅读:全国劳动模范

全国劳动模范是中共中央、国务院授予在社会主义建设事业中做出重大贡献者的荣誉称号,目的是弘扬劳模精神、弘扬劳动精神,弘扬中国工人阶级和广大劳动群众的伟大品格。党和国家历来高度重视评选表彰劳动模范,从20世纪90年代开始,全国劳模表彰大会每5年召开一次。1950年至今先后召开16次表彰大会,表彰全国劳动模范和先进工作者超30000人次。

2020年11月24日召开的全国劳动模范和先进工作者表彰大会共表彰2493名人选,其中全国劳动模范1689名、全国先进工作者804名;企业职工和其他劳动者1192人,占总人数的47.8%;农民500人,占20.1%;机关事业单位人员801人,占32.1%。

与往届相比,此次表彰提高了一次性奖金标准,同时还重新设计了奖章。新设计的奖章,通径从55毫米扩大到60毫米,凸显了劳动最光荣、劳动最崇高、劳动最伟大、劳动最美丽的理念,彰显了各行各业劳动模范和先进工作者的示范引领作用。

## 三、"90后"劳模是怎样炼成的
### ——国家电网公司劳动模范、北京通州供电公司员工刘动

**迎难而上,早出晚归,边学习边研究,创作出"双花瓣"配网结构**

2015年,刘动从清华大学电气工程专业研究生毕业,来到了北京通州供电公司配网工程班,成为一名"蓝领工人"。"脚踏实地,到祖国最需要的地方。那有大舞台,能干大事业。"就业指导会上的一句话让他记忆犹新。

2016年初,刘动所在的工程班接到了一项重要任务:为城市副中心建设世界一流高端智能配电网。当时,世界上最先进的电网结构在新加坡,年均停电时间仅为30秒。而国内并没有多少经验可循。

图 2-3　实地勘察

刘动和同事们迎难而上,还提出了更高的目标:要比最好更好,体现"国际标准、中国特色"。任务最难的就是设计电网网架结构。刘动先从最熟悉的方法入手,和队员们每天查文献、找资料,在堆成小山的书里不停地勾勾画画。遇到难题了,他们就向读研究生时的导师求助。时间一点一滴地过去了,但他们还没有找到思路和方向。

于是,刘动主动向领导提出,要到科研单位学习。从那以后,他每天清早出门,跨越半个北京城外出学习,晚上回到单位跟队员们讨论方案。就这样,刘动和队员们一直处在"走访调研、研究讨论、推翻自己、重新再来"的循环中。那段时间里,他们在一条别人没有走过的路上摸索着,将想法一点点地变成现实。

图 2-4　刘动和同事在研究讨论

2018 年 5 月,经过 800 多天的奋斗,一个因外形酷似两朵花瓣而得名"双花瓣"的配电网架结构终于诞生了。"双花瓣"世界一流高端智能配电网也成为"副中心速度"的完美代言。

这个发明使北京城市副中心行政办公区电网供电可靠率超 99.9999%,年均停电时间不到 21 秒,比新加坡的世界纪录缩短了 30%,超过巴黎、东京、新加坡等发达城市电网水平。

**精益求精，设计图纸改了三十余版，连字体和颜色的小细节也不放过**

2017年5月，在"双花瓣"建设收尾阶段，刘动主动请缨，接下了另一项任务——高端智能配电网综合可视化平台的设计与建设。

平台的设计也是从零开始。但有了设计"双花瓣"结构的经验，刘动和团队对这个任务有了深入的研究和认知。通过一点点组合排列、调整思路，刘动很快设计出凝聚了"坚强、可靠、智能、绿色、高效"等特点的平台建设第一版框架。可是，仅仅过了两天，这个版本就被刘动推翻了。随即，他们开始第二个、第三个……，先后历经三十多个版本。"刘动太执着了。那几个月，我们成宿泡在调控大厅，对着大屏幕尝试成百上千种方案。"回想起那段日子，同事祝建军再次感慨。

从顶层设计、框架结构、数据接入、界面布置，到修改图片、文字、数据的位置，再到调整字体选择和字号大小，刘动和团队队员们反复修改形成设计图纸30余版次，接入实时数据100余项。2018年5月，国内首个高端智能配电网综合可视化系统在刘动和团队的手上诞生了。这项成果吸引了日本、澳大利亚等多个国家的行业专家来调研交流。

**修改继保整定方案，和师兄默契配合，常常研究问题到深夜**

虽然"双花瓣"设计已经完成，但现有的继电保护方案还无法适应全新的"双花瓣"网架结构。刘动又主动承担起了修订任务。听说师兄张童飞是这方面的专家，刘动就兴冲冲地找到了他。看着拼劲十足的刘动，虽然没有可用的标准规范，但是张童飞最终还是答应跟他一起拼一把——我们自己写规范！

他们开始翻阅资料，只要查到有用的知识点，都会转发给对方。遇到不确定的知识，他俩先讨论，如果找不到办法，就回学校找教授咨询，或者直接到厂家看现场。那段时间里，两个人形影不离，有时候为解决一个难题一直研究到半夜。学习资料上到处是他们勾勾画画的痕迹，所有保护装置的说明书，他们都能倒背如流。

他们克服了一个又一个难题，设计出了《北京城市副中心高端智能配电网继电保护整定方案》，并且得到了行业内专家的一致认可。2019年，刘动又加入到单位的泛在电力物联网建设。有了前两次的经验，这次他自信满满。

2019年"五一"前夕，刘动所在的配网工程班，因为在北京城市副中心世界一流高端智能配网建设中的突出贡献，获得了"全国工人先锋号"荣誉。

迎难而上的勇气、精益求精的追求、亲密无间的合作……炼就了这位"90后"劳模。"90后""00后"的小伙伴们，准备好了吗？

## 拓展阅读：受表彰劳模应该符合哪些条件？

"爱岗敬业、争创一流，艰苦奋斗、勇于创新，淡泊名利、甘于奉献"，这是劳模精神，也是成为劳模的必备条件。如今，我国经济已进入高质量发展阶段，需要更多知识型、技能型、创新型劳动者，只要有想法、肯干事、敢创新，任何人都有机会成为劳模。

2020年受表彰人选符合党中央、国务院确定的推荐评选条件，具有以下三个突出特点。

一是具有很强的政治性和先进性。人选都经过各级党委和有关部门认定，基本上具有省部级表彰奖励的荣誉基础，并且近5年来特别是党的十九大以来创造了突出业绩，其中有200余人在脱贫攻坚领域作出了突出贡献，有358人享受国务院特殊津贴。

二是具有广泛的代表性和群众性。受表彰人员中，中共党员2015名；民主党派和无党派人士158名；女性578人，占23.2%；少数民族226人，占9.1%。人选基本涵盖各个领域和行业，尤其是来自基层一线的比例较高，其中一线工人和企业技术人员847人，占企业职工和其他劳动者的71.1%，比原定比例高出14.1个百分点；农民工216人，占农民人选的43.2%，比原定比例高出18.2个百分点；科教等专业技术人员、科级及以下干部661人。

三是选树了一批抗疫先进典型。按照筹委会统一部署和要求，推荐评审出300名奋战在抗击新冠肺炎疫情一线的先进个人，他们逆行出征、无私无畏，作出了突出贡献。

## 活动与交流

一、调查目的

国之重器，匠人为基，泽被后世。通过古今中外匠人先进事迹学习，引导学生弘扬工匠精神，践行责任担当。

二、调查对象

在校高职大学生

三、实施步骤

1. 扫描二维码，填写调查问卷

2. 集体讨论，理性分析问卷结果。

3. 教师点评总结，让工匠精神熔铸到学生的理念和行动中。

### 课后思考

你最喜欢哪一位大国工匠？你将如何以他（她）为榜样？

## 第二节　践行劳模精神　争做时代先锋

### 案例导入：全国劳模周家荣：匠心有传承，钢丝拧成绳

少则几十根，多则上百根，细如发丝的钢丝，如何做成一根钢丝绳？每根钢丝绳的强度、韧性、使用寿命该如何精准控制？从一窍不通的门外汉到自学成才的行业专家，52 岁的贵州钢绳（集团）有限公司二分厂技术员、高级技师周家荣，已经和钢丝绳较了 30 多年的劲。

他和同事们生产出的钢丝绳，已经用在了世界最高的桥梁北盘江特大桥、最长的跨海大桥港珠澳大桥上，并且还成功应用在全世界最大的射电望远镜中国天眼上，同时还远销 40 多个国家和地区，让国内钢丝绳行业更好地参与国际竞争，真正有了话语权。

初中毕业后，周家荣做过泥匠，挑过沙石，卖过大米，19 岁那年进入贵州钢绳（集团）有限责任公司二分厂钢丝绳制造车间上班。进厂后，周家荣勤奋好学、善于钻研，一有机会就站在老师傅身后，观察他们的操作，学习规范化动作。周家荣负责股绳工序，要把几十根钢丝组合、排列到一起，还得讲究粗细搭配，每层都不一样，一旦出错，生产出来的钢丝绳就报废了。工作难度不小，但细心的周家荣从未出过岔子。

因为表现突出，工作刚满 4 个月，周家荣便在同批职工中最先独立上机操作，并晋升为一线青年技术骨干。"有机会，我还会向工程技术人员请教钢丝绳接触面、破断拉力等理论知识。"在他看来，只有弄懂理论，再加上实际摸索，才能实现创新创造。

后来公司准备研发压实股钢丝绳，任务落到了周家荣身上。"之前的钢丝绳，在跟滑轮接触时，受力点少，接触面小，磨损快，寿命短。"周家荣说，要改变这些属性，难度着实不小。"钢丝之间直径和长度不同，张力有大有小，只能靠排列组合改变钢丝绳的特性。组合好钢丝，还得选择合适的模具进行定型，避免钢丝交叉乱套。"没有捷径可走，周家荣只能凭多年积攒的经验手动调试，前后用了一

个多月才攻克技术难点。由于操作技术精湛，周家荣先后参与神舟号飞船用钢丝绳、"辽宁号"航空母舰用钢丝绳、卫星用钢丝绳等研发生产，参与修订了30多项国家标准、行业标准。

精神贵在传承。从工作第二年起，周家荣便开始带徒弟，他说："光我一个人有技术哪行？懂技术的越多，咱们国家做钢丝绳的底气才越足！"2013年，他创办了技能大师工作室，开展理论培训、实操演练等课程。30多年的时间，他已带出近百名徒弟，有36人获得过省部级、行业、公司技能比赛表彰。"干一行，爱一行，专一行，只有全身心投入，人生才能出彩。"在今年公司新进员工的第一堂课上，周家荣这样说。

周家荣用一双巧手编制的钢丝绳，成为诸多大国重器上不可或缺的组成部分，也提高了国际话语权，而他的爱岗敬业、争创一流、勇于创新等精神也成为了青年一代学习的榜样。

## 一、劳模精神的内涵

"每个时代都有每个时代的精神，每个时代都有每个时代的价值观念。"劳模精神在不同的历史时期其内涵是不断变化的。

在革命时期，劳模精神主要是在延安大生产运动中形成的，反映了人民对美好生活的向往以及改变国家前途命运的渴望，在这一时期劳模精神的本质是崇尚劳动、劳动光荣。在新中国成立到改革开放前，国内外环境的变化以及我国经济、社会发展的现状决定了这一时期的劳模精神体现为感恩奉献、报效祖国、无私奉献。改革开放以后，劳模精神体现为求真务实、全力以赴、拼搏进取、勇于担当。

2020年11月24日，习近平总书记在全国劳动模范和先进工作者表彰大会上发表重要讲话，指出："在长期实践中，我们培育形成了爱岗敬业、争创一流、艰苦奋斗、勇于创新、淡泊名利、甘于奉献的劳模精神。"

视频：中国精神之劳模精神

## 二、新时代践行劳模精神的意义

第一，劳模精神"生动诠释了社会主义核心价值观，是我们的宝贵精神财富和强大精神力量"。劳模们用他们自身的行动践行着社会主义核心价值观，是将社会主义核心价值观外化于行、内化于心的示范者，它是新时代鼓舞全党全国各族人民风雨无阻、勇敢前进的强大精神动力。

第二，劳模精神能汇聚成实现中华民族伟大复兴的中国梦的磅礴伟力。弘扬劳模精神，有利于劳动者在自己平凡的岗位上做好每一份工作，在工作中争创一流，创造不平凡的业绩。中华民族的伟大复兴是全国各族人民万众一心、心往一处想、劲往一处使、用14亿人民的智慧和力量汇聚成的，而劳模精神就是汇聚每一个劳动者努力的精神力量。

第三，劳模精神引领新时代劳动教育的价值取向。习近平总书记在全国教育大会上强调"要在学生中弘扬劳动精神，教育引导学生崇尚劳动、尊重劳动，懂得劳动最光荣、劳动最崇高、劳动最伟大、劳动最美丽的道理，长大后能够辛勤劳动、诚实劳动、创造性劳动"。既体现了对广大学子的谆谆嘱托，也表明了新时代劳动教育的价值取向。大学生要以劳模精神为引领，在技能训练中践行劳模精神，争做劳模。

"劳动是最美的身影，创造是最好的奉献"，劳模精神进校园，既是培育和践行社会主义核心价值观的要求，也是职业院校培养德技双馨的高技能人才的目标要求。

### 三、培育、践行劳模精神的途径

1. 劳模育人，融入思政课教学

在职业院校，通过思政课教学改革，调整教学内容，优化教学方法，形成"教师研究劳模，学生学习劳模，教材诠释劳模，教学展示劳模，实践走向劳模"的育人特色，实现育德与育心相结合、理论与实践相结合的育人模式。

将劳模精神融入"基础"课，通过劳模成长奉献的案例，让学生感悟成功的真谛，做到认知劳模、认同劳模、争做劳模；劳模精神融入"概论"课，使学生了解劳模精神的核心价值与时代特征；明确劳模精神的践行对于实现中华民族伟大复兴的中国梦的意义，鼓励新时代的大学生争做时代先锋，为实现个人梦、中国梦奋斗不息。

2. 尊崇劳模，追寻劳模踪迹

"劳动模范是民族的精英、人民的楷模，是共和国的功臣"，通过形式多样的活动，加强对劳模先进事迹的宣传教育。

通过观看劳模视频，学习劳模感人事迹；举办劳模精神征文和演讲比赛，诉说劳模精神；开展劳模精神进校园，邀请劳模开展讲座、座谈、指导活动等，用榜样的力量感染学生，让劳模精神入心入脑，自觉将劳模精神转化为个人热情，转化为自觉行动，真正做到劳模精神入行。

## 拓展阅读

2020年11月24日，全国劳动模范和先进工作者表彰大会在北京人民大会堂隆重举行。中共中央总书记、国家主席、中央军委主席习近平出席大会并发表重要讲话。习近平强调，光荣属于劳动者，幸福属于劳动者。社会主义是干出来的，新时代是奋斗出来的。劳动模范是民族的精英、人民的楷模，是共和国的功臣。作为新时代党员干部，我们当如何践行劳模精神呢？

一是"学"劳模精神。大国工匠李万君，三十年如一日，394道工序，道道精准；"航空"手艺人胡双钱，三十年航空技术制造，经手零件上千万，却没有出现一次质量差错。这是对本身技术何等的精益求精，对自身要求何等的严苛，我们当以此为学习榜样，克己奉公，坚守岗位，力求把每一件小事做得完美、再完美。

二是"思"劳模精神。巾帼英雄艾晓慧，男人堆里的女劳模，八岁当家，一边上学，一边工作，一边照顾母亲，江汉油田唯一女站长，艰难困苦终出头，誓为祖国献石油。是什么信念让这位劳模在如此艰苦的岗位上一干就是那么多年。我想更多的是对工作的高度负责，是对自己的高度负责。现在我们从事着各色各类的工作，我们当立足工作岗位，保持高度负责的态度，为全面建成小康社会添砖加瓦。

三是"践"劳模精神。"空谈误国，实干兴邦"，"氢弹之父"于敏，在创新中实践，在实践中创新，二十八年潜心科研终获大成。可以说实干是连通"知"与"行"的桥梁，一"实"胜百"巧"。我们应该学习于敏十年磨一剑的精神，立足岗位实际，沉下心来踏踏实实干事，一点一滴积累，积小流终成大海。

四是"悟"劳模精神。用自身实际行动诠释劳模精神，像广大劳动模范那样"干一行、爱一行、专一行、精一行、成一行"，让劳模精神不断发扬光大，我们定能攻坚克难、坚毅前行，汇聚起风雨无阻向前进的强大精神力量。

3. 师从劳模，践行劳模精神

以劳模为标杆，对标补短。"好的榜样是最好的引导；好的楷模是最好的说服"，作为新时代的大学生，我们要把劳模作为自己的标杆，时刻对照自己，在不断探索中一次次超越昨天的自己，不断取长补短，学习新知识，掌握新技能。在实习、实训以及未来的工作中永葆"闯"的精神、"创"的劲头、"干"的作风，在实践中完善自我，不断提高自身的综合业务水平。

以劳模为方向，脚踏实地。李大钊先生曾经说过："凡事都要脚踏实地去做，不驰于空想，不骛于虚声，而惟以求真的态度做踏实的功夫。"盘点我们的劳模，他们都有一个共同的特点：脚踏实地的奋斗。全国劳模、时代楷模天津电力抢修工人张黎明："最欣慰的事，莫过于看到万家灯火亮起来，这是一代代电力工人的初心，也是我的初心。"无数次沿着电力线路"溜达"，闭上眼睛能说出他负责的线路沿途有多少高压塔、多少根电线杆。不忘初心，脚踏实地，方能成就自我。

每一位劳模都是一面旗帜，劳模精神对职业院校学生有很强的引领、带动和辐射作用。习近平总书记曾经说过："劳动是财富的源泉，也是幸福的源泉。人世间的美好梦想，只有通过诚实劳动才能实现；发展中的各种难题，只有通过诚实劳动才能破解；生命里的一切辉煌，只有通过诚实劳动才能铸就。"作为新时代的大学生，要成就自己的职业梦想，必须时刻以劳模精神严格要求自己，在学习生活中对标找差距，聚焦聚力强落实。在价值观塑造的关键时期，师从劳模，潜心学习，不断创新，成就自我，奉献社会。

### 视频学习

1.《国家记忆》20170501-20170505 《永不过时的劳模精神》系列。

2. 学习强国《影响几代人的劳模》共 15 集。

### 活动与交流："进车间，与劳模面对面"

一、活动目标

学习劳模，体悟劳模精神。

二、活动时间

建议 90 分钟。

三、活动流程

教师联系当地劳模，组织一次学生进工厂、进车间与劳模面对面的活动。

1. 学生观摩劳模和其他车间工人如何按照规范进行生产劳动。

2. 动手操作，亲身体验。按照操作流程和规范进行操作，体会工作过程中闪耀在劳模身上的劳模精神。

3. 与工人、劳模进行面对面交流，听取他们的劳动经验，记录自己的劳动感受。

4. 填写表格。将此次活动的所思所感记录下来。

| 内容 | 体验 |
|---|---|
| 应该树立怎样的劳动观?你对自己以后的职业期待是什么? | |
| 在劳动中如何做到精益求精、勇于创新? | |
| 如何不折不扣、高质量地完成劳动任务? | |
| 在此次与劳模面对面的过程中,你学到了什么?你有哪些不足以及如何改进? | |

## 课后思考

在今后的实习、工作中如何践行劳模精神?

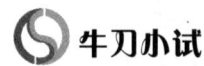

## 牛刀小试

一、单选题

1. 党和国家历来高度重视评选表彰劳动模范,从20世纪90年代开始,全国劳模表彰每(　　)年召开一次。

A. 3　　　　　B. 4　　　　　C. 5　　　　　D. 6

2. 劳模精神孕育于(　　)。

A. 革命战争年代　　　　　B. 新中国成立初期

C. 20世纪80年代　　　　　D. 21世纪

3. 技工院校要以实习实训课为主要载体开展劳动教育,其中劳动精神、劳模精神、工匠精神专题教育不少于每学年(　　)学时。

A. 12　　　　　B. 14　　　　　C. 16　　　　　D. 18

4. 践行劳模精神,以下做法不正确的是(　　)。

A. 因为某劳模是企业家,自己便也以下海经商作为人生目标

B. 在工作中爱岗敬业,吃苦耐劳,勇创一流

C. 在学习中联系工作实际,抓落实、见行动、出成效

D. 崇尚责任、牢记责任、时刻不忘履行自己职责

5. (　　)是民族的精英、人民的楷模、是共和国的功臣。

A. 农民　　　　B. 工人　　　　C. 劳动模范　　　　D. 技能标兵

6. 2020年11月24日,习近平总书记在全国劳动模范和先进工作者表彰大会上指出,劳动是一切幸福的源泉。各级党委和政府要尊重劳模、关爱劳模,贯彻好(　　)方针,完善劳模政策,提升劳模地位,落实劳模待遇,推动更多劳动模范和先进工作者竞相涌现。

A. 尊重建设、尊重知识、尊重人才、尊重创造
B. 尊重劳动、尊重科学、尊重人才、尊重创造
C. 尊重劳动、尊重文化、尊重人才、尊重创造
D. 尊重劳动、尊重知识、尊重人才、尊重创造

7. 中华民族是勤于（　　）、善于创造的民族。

A. 劳动　　　　B. 创造　　　　C. 发明　　　　D. 探索

8. 马克思说过："任何一个民族，如果停止（　　），不用说一年，就是几个星期也要灭亡"。

A. 劳动　　　　B. 创造　　　　C. 学习　　　　D. 奋斗

9. 下列哪一项不是2020年受表彰的全国劳模的突出特点？（　　）

A. 具有很强的政治性和先进性　　　B. 具有广泛的代表性和群众性

C. 选树了一批抗疫先进典型　　　　D. 都爱岗敬业、勇于创新

10. 劳模的划分因具体的条件和内容不同存在类型上的区别，但其本质上所体现的对于（　　）的尊重和劳动价值的认可是一样的。

A. 奉献　　　　B. 劳动　　　　C. 能力　　　　D. 创造

二、多选题

1. 劳模精神是指（　　）。

A. 爱岗敬业、争创一流　　　　B. 艰苦奋斗、勇于创新

C. 淡泊名利、甘于奉献　　　　D. 安于现状、不思进取

2. 如何践行劳模精神？（　　）

A. "学"劳模精神　　　　　　　B. "思"劳模精神

C. "践"劳模精神　　　　　　　D. "悟"劳模精神

3. 加强对大学生的劳动教育，首要抓好大学生的劳动价值观教育，从明晰劳动本质与价值、肯定劳动者地位与作用、弘扬劳模精神和工匠精神、树立创造性劳动意识几个层面对大学生予以教育，使大学生真正懂得（　　）的道理。

A. 劳动最光荣　　　　　　　　B. 劳动最崇高

C. 劳动最伟大　　　　　　　　D. 劳动最美丽

4. 要建设（　　）劳动者大军，弘扬劳模精神和工匠精神，营造劳动光荣的社会风尚和精益求精的敬业风气。

A. 知识型　　　　　　　　　　B. 技能型

C. 技术型　　　　　　　　　　D. 创新型

5. 初入汽车行业，在上汽大众工作时遇到了诸多挑战，小明的解决方法有（　　）。

A. 全身心付出　　　　　　　　B. 做好本职工作

C. 虚心向前辈请教　　　　　　D. 严格要求自己

三、判断题

1. 劳动模范是劳动群众的杰出代表，是国家栋梁、民族精英、社会中坚、人民楷模，更是时代的领跑者。（　　）

2. 劳动是人类社会存在和发展的基础。（　　）

3. 中国劳模精神的形成和发展史是近现代中国共产党团结带领广大劳动人民的奋斗史。（　　）

4. 劳模精神是主人翁意识的诠释、与社会主义核心价值观内在相通。（　　）

5. 全社会都应该尊敬劳动模范、弘扬劳模精神，让诚实劳动、勤勉工作蔚然成风。（　　）

参考答案

# 第三章　工匠精神

> **导读**
>
> 党的十九大报告提出了大力"弘扬劳模精神和工匠精神，营造劳动光荣的社会风尚和精益求精的敬业风气"的明确要求。对于一个国家来说，综合实力的强大离不开各行各业劳动者的努力。不论是"中国制造"向"中国智造"的转型，还是"中国芯"的崛起，说到底，都离不开"工匠精神"。大国工匠是建设社会主义现代化强国的人才基础，工匠精神是大国工匠培养不可缺少的精神品质，同时，大国工匠又在职业岗位上不断地强化着工匠精神。
>
> "技可进乎道，艺可通乎神"，工匠精神是超越自己的精神，它让劳动者成为自己的"劳模"，点亮了劳动者的生命。中国制造业走向世界需要让工匠精神融入到生产的每一个环节，让工匠精神成为民族精神，让工匠精神与现代科技高度融合，成为大众创业、万众创新的精神动力，让工匠精神进职业院校学生的头脑，在实践锻炼中将"复杂事情简单做，简单事情重复做，重复事情快乐做，快乐事情用心做"，成为"心中有爱、眼中有人、肚中有货、手中有艺"的大国工匠。

## 第一节　古今中国"匠人"的先进事迹

### 案例导入

在熙攘的人群中，有一些平凡的劳动者耐得住寂寞、守得住宁静、熬得住孤独，在自己的工作岗位上数十年如一日勤勉不懈、精益求精、专注创新，这些人就是我们的大国工匠。"于国，工匠是重器；于家，工匠是栋梁；于人，工匠是楷模。"我国是传统的工匠古国，在几千年的文明传承中，工匠精神从未缺席，激励着一代又一代的匠人用自己优秀的匠心编织着自己未来的同时，也将中国的制造业、科技推向了世界的顶峰，在人类的史册上留下光辉、浓重的一笔。比如：我国古代匠人治国，匠人鼻祖鲁班，90后工匠郑兆全，火箭"心脏"焊接人高凤林。

## 一、古代匠人的先进事迹

### 1. 匠人治国

韩非子《五蠹》一文中提到了最早造房子的有巢氏、最早钻木取火的燧人氏。在上古时期，人口稀少，鸟兽众多，人们受不了鸟兽虫蛇的侵害，这时候出现了一位圣人，他发明了在树上搭窝棚的办法，让人们避免遭到各种伤害。人们很爱戴他，推举他来治理天下，称他为有巢氏。当时人们吃的是野生的瓜果和蚌蛤，腥臊腐臭，伤害肠胃，许多人因此得了疾病，这时候又出现一位圣人，他发明钻木取火的方法烧烤食物，除掉腥臊臭味。人们很爱戴他，推举他来治理天下，称他为燧人氏。这是最早的"匠人治国"的案例。

### 2. 匠人鼻祖——鲁班

鲁班，姬姓，公输氏，名般，又称公输盘。春秋时期鲁国人。"般"和"班"同音，古时通用，故人们常称他为鲁班。生活在春秋末期到战国初期的鲁班，出身于世代工匠的家庭，从小跟随家里人参加过许多土木建筑工程活动，逐渐掌握了生产劳动的技能，积累了丰富的实践经验。木工师傅用的手工工具，如钻、刨子、铲子、墨斗、曲尺等，据说都是鲁班发明的，而每一件工具的发明都是在实践中得到启发，经过反复研究、实验制作出来的。

图 3-1　鲁班

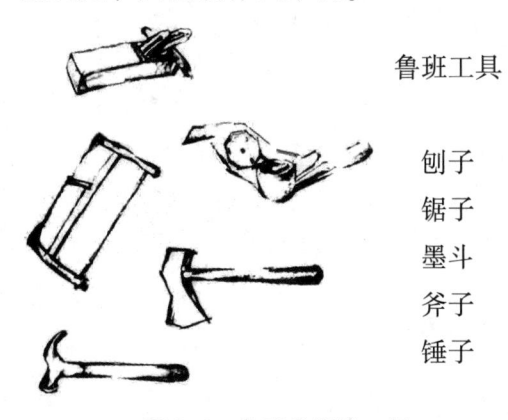

鲁班工具

刨子
锯子
墨斗
斧子
锤子

图 3-2　鲁班发明的工具　　　　图 3-3　鲁班造锯

传说锯是鲁班发明的。有一次他进深山砍树木时，一不小心，脚下一滑，手被一种野草的叶子划破了，渗出血来，他摘下叶片轻轻一摸，原来叶子两边长着锋

利的齿，他用这些密密的小齿在手背上轻轻一划，居然割开了一道口子，他的手就是被这些小齿划破的。鲁班就从这件事上得到了启发，他想，要是这样齿状的工具，不是也能很快地锯断树木了吗？于是，他经过多次试验，终于发明了锋利的锯子，大大提高了工效。

《述异记》中记载鲁班制作的大石龟夏天能游到海里去，冬天可以返回到山上去。他发明的木鹊可以连飞三天而不落地。传说他还发明了鲁班枕和智力玩具鲁班锁。鲁班技艺高超，民间木匠、石匠皆尊奉鲁班为行业祖师。此外，鲁班在机械、土木、手工工艺等方面也有所发明。

### 拓展阅读

鲁班锁，是古人的智力玩具。不用钉子和绳子，完全靠自身结构的连接支撑，就像一张纸对折一下就能够立得起来，看似简单，却凝结着不平凡的智慧。鲁班锁是一个严丝合缝的十字立方体，只有找到最核心的一根木条，整个立方体才能逐一拆开。这需要木块内部的榫卯结构凹凸咬合，精准巧妙。

图 3-4  鲁班锁 　　　　　　　　　图 3-5  鲁班枕

鲁班枕也叫"瞎掰"，是用一块木板做成的结构复杂、可折叠的木制生活用品，上面雕刻各种图案与文字，可供欣赏，也可以打开当小板凳用，睡觉时可以当枕头，便于携带，一物多用、方便生活，具有很强的实用性。这是古人聪明才智和创造性的象征，彰显了中华文化的博大精深，具有一定的社会文化价值。

### 二、"90后"工匠"雕刻"未来"中国质造"

他是 2018 年度"甘肃省五一劳动奖章"的获得者，他叫郑兆全。"90后"的郑兆全是兰州兰石重工有限公司机加工中心的一名数控车工，从 2015 年 7 月入职以来，一直从事数控车床机加工工作。虽然入职时间并不长，但是他却在岗位上迅速成长，并获得了很多来自领导、同事的认可以及行业内的荣誉。他说："别看我生产出来的东西只有指甲盖儿大,它可是关乎国防安全呢。"

## 干一行,爱一行,钻一行

因为自己学的专业就是数控技术,郑兆全一进入兰石就觉得有了用武之地,通过跟老师傅一段时间的扎实学习,自己也很快上手。"开始的时候一点儿不觉得累,还觉得很有意思,"看到经过自己的双手加工成型的零件小活塞的那一刻,他觉得很奇妙,也很有成就感。

入职不到两年,郑兆全就获得了2017年甘肃省"振兴杯"青年职业技能大赛数控车工比赛第一名、2017年甘肃省职工职业技能竞赛"兰石杯"数控车工省级一类第一名,被授予"甘肃省青年岗位能手""甘肃省技术能手"和"甘肃省技术标兵"荣誉称号,同时,还被授予兰石集团公司2017年度"劳动模范"荣誉称号,并在2018年被授予"甘肃省五一劳动奖章"。

尾翼烟火作动筒是兰石重工公司承接的军品加工任务,事关国防安全。别看小活塞只有指甲盖儿大小,但加工精度要求特别高,厚度公差要控制在正负0.03毫米以内,相当于头发丝直径的三分之一。

由于以前是由普通机床加工产品,稍有不慎就会产生废品,"我感觉数控机床精度比较高,直接可以把小活塞一次性干出来,我就建议领导和工艺部门,从数控车床上直接一次性干成型。"经过多次实验,反复编写程序,郑兆全把原来普通机床的车、磨、镗三道工序优化成数控车床一道工序完成。不仅杜绝了废品的产生,而且提高了9倍效率。

## "小零件"也有"大梦想"

郑兆全常说,自己就像是他天天生产制作的一枚"小零件",在整个集团来说是很渺小的一份子,但是他坚信自己的努力对于整个兰石集团甚至我们的国防安全却是至关重要的。也因此,他这枚"小零件"也有着自己的"大梦想":"我们这个行业涌现了很多大工匠,他们都是我学习的榜样和目标。"

"以后我感觉还是要往编程方面深入,尤其要在智能数控设备的应用上多下功夫,学习行业内比较实用的计算机辅助软件,包括数控车、数控铣、数控线切割、数控传输、数控仿真技术等。"在岗三年多,郑兆全慢慢认识到目前公司数控加工只是单纯地利用手工编程加工大批量工艺程序,这样的加工技术与南方企业相比是没有竞争力的。他暗下决心,要快速学习提高自己的数控机工水平。

干一行,爱一行,钻一行,郑兆全用行动诠释着新一代青年的责任与担当。凭着一股不服输的韧劲,他用知识武装自己,潜心锻打技术技能,将职业追求与企业发展联系在一起,开辟了属于自己也属于兰石的新天地。

### 三、"火药雕刻王"徐立平

"导弹飞驰凭火药,猫腰弹筒手操刀。凝神静气心专注,一末微毫手细雕。从未疏忽因火爆,国曾经苦险大骄。千钧利器承天运,称颂全球立最高。"

这是网上流传的一首颂扬徐立平的诗篇,由诗及人,在众人的眼前便浮现出一个专注、坚持、谨慎、勇敢的大国匠人。

他的一生交给了中国的航空航天事业,在这个国家特殊的工作领域中,他算得上是屈指可数的领军人物。中国航天事业中发射的每一枚导弹,几乎都会经过徐立平的双手雕琢检验,他是人称"中国第一刀"的火药雕刻王。

多年来,他用孜孜不倦的态度和坚韧不拔的精神,将这份平淡而又艰巨的任务完成得非常出色,国人为他而自豪,祖国因他而骄傲。

#### 生死边缘行走　事业生涯无悔

火药雕刻可以称得上是这个世界最危险的职业,整个过程在火药筒里操刀执行,在狭小的空间里忍受着刺鼻的气味,由于接触的几乎都是烈能性燃料,在火药整形的操作过程中稍有不慎,徐立平就有可能随着药筒一起灰飞烟灭。

国际化标准的药面切割误差范围是控制在 0.5 毫米以内,差之毫厘,便会在死亡边缘徘徊。而徐立平在对火药进行整形的过程中,误差不曾超出过 0.2 毫米,可见他的精湛的技艺和敬业的态度。

图 3-6　徐立平的刀锋划过药面,只留下一片薄如轻纱的药屑,厚度不超过 0.2 毫米

几十年来,他在生产线一直辛苦劳作,每天都面临着不可预知的危险和挑战。几十年来,中国航天事业中不知道又有多少火箭冲上了云霄,而在这个岗位中一直默默无闻的徐立平,每一天仍用精神抖擞的状态对待自己的事业,没有时刻的懈怠,这是他对"职责"二字最完美的诠释。

## 大国工匠  一代宗师

"每一次落刀，都能听到自己的心跳。你在火药上微雕，不能有毫发之差。这是千钧所系的一发，战略导弹，载人航天，每一件大国利器，都离不开你。就像手中的刀，二十六年锻造。你是一介工匠，你是大国工匠。"

这是2015年度感动中国人物颁奖盛典上的颁奖词，徐立平当之无愧。

几十年过去了，陪在徐立平身边的工友们已经换了一批又一批，当他被问到为什么依旧坚守在这个普通而又艰巨的岗位上，他只回答了一句："危险的工作总要有人干。"

徐立平在访谈中也曾经说过："工匠精神就是做好自己的本职工作。"而这种精神在他的工作生涯中也确实得到了一一体现。"丹心定不负家国"，广大学子在实现中华民族伟大复兴的道路上，更应该带着匠人的精神去求知、践行，为实现"中国制造2025"做出自己的贡献。

### 活动与交流

一、活动目标

学习劳模精神，点亮青春梦想

二、活动时间

建议一周

三、活动流程

1. 资料搜集：来自不同地区的同学们可以选择自己所在省市的历届劳模，搜集一下这些劳模的个人资料、成长经历、人生信条、发生在他们身上的故事以及他为当地做了哪些贡献。

2. 心得体会：根据自己搜集的资料写一下自己的心得体会。

3. 课上交流：首先是小组交流，推选出本小组内大家认为最好的成果；其次，以小组为单位在全班同学中交流。

4. 教师总结：鼓励同学们学习劳模、践行劳模，做一名能担当民族复兴大任的新时代大学生。

### 课后思考

从劳模身上，你能汲取哪些前行的力量来照耀自己未来的职业生涯道路？

# 第二节 弘扬工匠精神 培养大国工匠

## 案例导入

1993 年出生的郭洪猛毕业后来到天津住宅集团有限公司，作为一名"90 后"，他敢打敢拼。当时，由于装配式预制构件的生产是新队伍、新设备、新工艺，从生产组织安排到与工人技术交底、指导，他几乎每天都在生产线上处理问题，监督生产管理，遇到解决不了的质量难题，他更是几天几夜地泡在公司。2016 年年初，为了一个工期紧张的项目，郭洪猛几乎每天夜里两三点才回宿舍，早上七八点钟就又回到车间继续工作。这样的状态至少持续了一个礼拜。

由于装配式预制构件的精细度高，产品尺寸误差往往要求在几毫米内，为了更好地了解装配式预制构件的现场使用情况，郭洪猛还主动要求调到条件更差的工地项目组。

工作中，他恩严并济，产品一次下线率从试生产阶段的 66% 提高到现在的 97% 以上，产品出厂合格率达到 100%。2016 年，他的班组负责完成双青新家园 20# 地及全装配楼所需各类构件生产供应，所有环节验收全部一次性通过。之后，作为经典案例，该项目被收录到《装配式混凝土结构技术体系与工程案例汇编》中，荣获了多项国家奖项。

在 2018 年中国技能大赛首届全国装配式建筑职业技能竞赛总决赛中，郭洪猛以扎实的技术功底、精湛的技艺以及出色的表现，击败了来自全国各地的另外 13 支队伍，获得了最具含金量的混凝土构件制作组全国冠军。"之所以最具含金量，是因为构件的制作对于我们这样的企业来说，是最基本的环节，也是最重要的环节！"郭洪猛说。

作为一名年轻的大国工匠，郭洪猛将自己的发展与国家的前途紧密联系在一起，他希望通过自己的努力，让装配式建筑从中国走出去。

或许没有耀眼的文凭和显赫的身世，但是这些工匠在自己的工作岗位上精益求精、孜孜以求，不断探索，践行着"工匠精神"，最终成为了一个领域不可或缺的高技能人才。他们为在校大学生的专业技能学习、提升树立了标杆。

## 一、工匠精神的内涵

在传统文化中，工匠是指手工艺（技艺）人。荀子说："人积耨耕而为农夫，积斫削而为工匠，积反货而为商贾，积礼义而为君子。"春秋战国时期，除农业之外的各种手工艺工匠已经形成规模，称为"百工"。进入现代工业社会，工匠不仅没有消失，反而以新的面貌出现了，即现代工业领域里的新型工匠——机械技术工匠、智能技术工匠。

工匠精神就是在长期的实践中形成的从业者的职业价值取向和行为表现。习近平总书记指出，在长期实践中，我们培育形成了"执着专注、精益求精、一丝不苟、追求卓越的工匠精神"。其精神内涵主要包括敬业、精益、专注、创新。

敬业是从业者基于对职业的敬畏和热爱而产生的一种全身心投入的认认真真、尽职尽责的职业精神状态。

精益就是精益求精，是从业者对每件产品、每道工序都凝神聚力、精益求精、追求极致的职业品质。

专注就是内心笃定而着眼于细节的耐心、执着、坚持的精神，这是一切"大国工匠"所必须具备的精神特质。

"工匠精神"还包括着追求突破、追求革新的创新内蕴。

### 拓展阅读："工匠精神"入选年度流行语　看看总理这一年怎么解读

2016年3月5日，李克强总理作政府工作报告时首次正式提出"工匠精神"。12月14日，"工匠精神"入选2016年十大流行语。

"工匠精神"首次写入政府工作报告：

鼓励企业开展个性化定制、柔性化生产，培育精益求精的工匠精神，增品种、提品质、创品牌。

——李克强总理代表国务院向十二届全国人大四次会议作政府工作报告（2016年3月5日）

企业+工匠精神=？
个人+工匠精神=？
政务+工匠精神=？

## 二、弘扬工匠精神的意义

弘扬工匠精神是个体成长的价值"标高"。人生有目标才能有行动的方向和动力，只有瞄准标高，才能凝心聚力、逐梦前行。工匠精神不仅是一种精神，还是一种吃苦耐劳、永不言弃、不断求得突破的品格。弘扬和践行工匠精神，是对人格的淬炼，是对潜力的激发，是一个让人生价值不断升华的过程。职业院校的学生只有把工匠精神作为自己价值的标高，不断突破自我，才能立世生存、行之久远，实现理想的职业目标。

弘扬工匠精神是实现由制造大国向制造强国转变，建设创新型国家的需要。在世界500多种主要工业产品中，我国有220多种产量居于世界第一位，所以我国是名副其实的制造大国。但是我国制造业大而不强，要实现制造业的转型升级就必须要坚持创新，提高产品的质量和科技含量。工匠是我国制造业的中坚力量，工匠精神是助推创新的重要动力。同时，将工匠精神融入设计、生产、经营的每一个环节，追求完美、精益求精，对于提高产品的质量也具有重大意义。

弘扬工匠精神是职业院校教育现代化的要求。职业教育与普通高等教育的区别在于职业性，这需要培养职业精神，尤其是适应现代化工业的工匠精神的培育。因此在职业院校中弘扬工匠精神既是时代的现实诉求，也是发展职业现代化的必然要求。作为工匠精神最佳传承者的技术技能型人才，要把工匠精神内化于心，实现个人的职业生涯规划与工作岗位需求无缝对接，不断向大国工匠的方向迈进。

### 三、弘扬工匠精神，培养大国工匠的途径

工匠精神作为一种优秀的职业道德文化，在职业院校中的传承和发展契合了时代发展的需要，因此要培养适合时代发展需要的大国工匠，需要重点做好以下工作。

1. 社会尊崇工匠，弘扬工匠精神

尊崇工匠的社会风向的形成离不开有效的体制机制。首先，加大对工匠和工匠精神的宣传力度，做好系统性的宣传。目前我们有专门的网站、手机APP、关于大国工匠的系列节目等，工匠精神进入公众视野，深入大众内心。

其次，加大政策的引导和实施力度。相关部门要建立科学合理的匠人职业发展通道，完善激励和评价机制，提高匠人的薪酬和福利等。

图3-7 弘扬工匠精神　成就出彩人生

### 拓展阅读

2020年12月10日，习近平总书记致信祝贺首届全国职业技能大赛举办，强调"大力弘扬劳模精神、劳动精神、工匠精神""培养更多高技能人才和大国工匠"。在长期实践中，我们培育形成了"执着专注、精益求精、一丝不苟、追求卓越的工匠精神"。迈向新征程，扬帆再出发，急需一大批具有工匠精神的劳动者，亟待让工匠精神在全社会更加深入人心。

不论是传统制造业还是新兴制造业，不论是工业经济还是数字经济，工匠始

终是中国制造业的重要力量，工匠精神始终是创新创业的重要精神源泉。中国制造、中国创造需要培养更多高技能人才和大国工匠，需要激励更多劳动者特别是青年人走技能成才、技能报国之路，更需要大力弘扬工匠精神，造就一支有理想守信念、懂技术会创新、敢担当讲奉献的庞大产业工人队伍，为经济社会发展注入充沛动力。

让工匠精神深入人心，就要创造更多"工匠故事"。做好电线电缆"守门员"的叶金龙，与马达结缘一辈子的吴玉泉，以精湛技能完美诠释"钳工"意义的赵水林……一批批国家级技能大师，坚守产业报国的初心，在平凡的岗位上成就了不平凡的业绩。深入贯彻尊重劳动、尊重知识、尊重人才、尊重创造方针，完善工匠政策，提升工匠地位，落实工匠待遇，才能为广大技能人才提供更广阔的舞台，推动更多工匠竞相涌现。

让工匠精神深入人心，还要进一步讲好"工匠故事"。工匠精神是在生产实践中凝聚而成的可贵品质，充分展现着劳动之美、精神之美、时代之美。讲好"工匠故事"，能让人们从大国工匠身上感受到劳动的光荣、精神的魅力。开展以弘扬工匠精神为主题的宣传教育，把崇尚工匠精神纳入人才培养全过程，贯通大中小学各学段和家庭、学校、社会各方面，才能让一个个"工匠故事"激励青少年乃至更多人追求卓越。

自2019年起，杭州将每年的9月26日设为"工匠日"，成为全国第一个为工匠设立专属节日的城市。设立"工匠日"，是为了激励工匠们创新创造，也是为了培厚工匠精神的土壤。无论是开展"杭州工匠"评选与表彰、打造劳模工匠文化公园与工匠元素特色街区，还是创立"杭工云课"等线上线下教学平台、建立健全"工匠带徒"制度，众多举措让工匠有荣誉感、成就感，让崇尚工匠精神成为一种新时尚。

时代发展需要大国工匠。站在实现"两个一百年"奋斗目标的历史交汇点上，全社会都要大力弘扬工匠精神，让崇尚工匠精神的理念深入人心，让每一位劳动者在新时代书写出更多更精彩更动人的"工匠故事"。

最后，不断提高工人的技术技能素养，推行终身职业技能培训制度。政府、企业、社会、个人四位一体，建立覆盖面更广、标准更高、机制更优的培训体系，促进技能人才向工匠的转变。学校可以加大校企合作的力度，实现理论教学与技能实践的有机统一。

在完善体制机制的同时，还必须切实加强"匠心文化"的日常教育，减少急功近利、重技轻德的影响，形成全社会"尊技重德"的良好社会氛围，发扬"工匠精神"，不断培育出具有中国特色的"大国工匠"，为"中国制造2025"提供人才基础。

## 2. 学校纳入计划，实施"匠心教育"

（1）营造良好的"工匠精神"校园文化氛围

学校是技能型人才培养的主要场所，校园文化对学生的成长起着潜移默化的作用。职业院校应致力于营造学习大国工匠的良好的文化氛围，加大对大国工匠的宣传力度。在校园期刊、网站、板报、宣传栏等张贴知名匠人的采访报道、人物事迹，让工匠精神充斥校园的每一个角落。定期邀请企业的高级技工、专家到学校演讲，指导学生的实际操作，让学生找不足、开眼界；开设相关的课程加大工匠精神的培育；可以集中观看《大国工匠》《大国重器》等相关的宣传大国工匠或者是工匠精神的节目，让学生通过直观学习，产生心理共鸣，自觉地将契合自己心中理想的优秀工匠作为自己的模范、榜样，加强自身学习和技能锻炼，逐步向技能型人才迈进。

（2）制定培养计划，将工匠精神培育贯穿职业教育始终

围绕植入职业文化，一是以专业建设为纽带，融入职业文化；二是以职业素质课程为基础；三是以实习实训为载体，浸润职业文化；四是以技能大赛为抓手，感悟职业文化。学校按行业和企业的标准培养人才，与行业和企业共同培养人才，在真实环境中培养人才，将职业文化融入人才培养方案，开辟职业文化融入学校的主渠道，按照"真实企业"的规定组织实践教学，从着装、规程、奖惩等方面都严格按照企业的要求，使学生始终浸润在"职业人"的文化氛围中，养成规范严谨、精益求精、诚实守信、敬业乐业的优秀文化品质，实现把职业文化的精髓和学校的专业课程与实践环节深度融合，并最终落到学生的职业素质和职业价值观培养上，着力弘扬精益求精的"大国工匠"精神。

大国工匠的培育是系统工程，要纳入职业教育的培养计划，有步骤、有方法地开展。在开展相关的教育教学活动中，要以企业对技能人才素质的需求为导向，以就业为核心，创新技能型人才培养的方法，真正让"工匠精神"在职业教育这片沃野中生根，从而对科技进步和经济发展产生"蝴蝶效应"。

图 3-8 职业院校输出工匠数据

（3）建设"双师型"教师队伍

教师在教育教学过程中起主导作用。在职业教育中培育和践行工匠精神，教师特别是"双师型"教师队伍发挥着不可替代的作用。学校应加强校企合作，吸纳更多的能工巧匠到学校任教，为学生传授第一手的技能资料；同时加大对专职教师的培养力度，提供专职教师到企业去学习、去深造，优化教师的知识结构，促进教育成果的转化，为培养德技双馨的大国工匠提供条件。

3. 学生知行合一，争做大国工匠

（1）树立正确的劳动观

劳动成就大国工匠。争做大国工匠必须先树立正确的劳动观。习近平总书记指出，"要在学生中弘扬劳动精神教育，引导学生崇尚劳动、尊重劳动，懂得劳动最光荣、劳动最崇高、劳动最伟大、劳动最美丽的道理，长大后能够辛勤劳动、诚实劳动、创造性劳动"。教育的根本任务在于立德树人，这不仅包括培育学生的爱国情怀，树立起共产主义远大理想等要义，也包括弘扬劳动精神教育，引导学生尊重劳动等内容。

鼓励职业院校的学生从事生产劳动，是一种职前教育，是对他们未来走上工作岗位的一种预热性实践活动。鼓励他们从事生产劳动，最核心、最本质的意义并不在于要求他们在校期间创造可观的物质财富，而是在于通过生产劳动使其能够尊重劳动、崇尚劳动，树立科学的劳动价值观，从而提升未来对参与社会生产的内在热情和劳动积极性。职业院校的学生作为未来的劳动者，"不仅要有力量，还要有智慧、有技术、能发明、会创造，以实际行动奏响时代主旋律"，因此强化生产劳动教育，引领学生进行生产劳动实践，使其在价值观念上认可生产劳动在推动社会进步、实现个人发展等方面的重要价值，破除对于"网红""一夜暴富"等观念的盲目迷信，更好地培育和发扬脚踏实地、艰苦奋斗、勇于创新的工匠精神。

（2）践行"工匠精神"，积极参加实践锻炼

利用好专业实践机会，锻炼自己专业知识的应用能力。积极参加专业实验实训课、毕业设计；拜访劳模工作室或者技能大师工作室等，了解专业实践的思路和领域；通过校内勤工俭学、金工实习、寒暑假社会调查等进行专业实践锻炼。

信息化时代，要充分利用一切条件参加各类实践。一是提前加入劳动大军，以社会兼职的形式体验职场生活，运用专业知识解决工作中遇到的实际问题；二是积极参加行业主管部门、高校专业联盟等组织的各类专业技能大赛，在竞争中提升自己的专业实践能力；三是注重自身公共服务意识培养，结合"青年红色筑梦之旅"等强化公共服务意识，运用专业知识和专业技能回馈社会。

图 3-9　学生参加实验实训课

大国工匠用他们的感人故事和生动实践告诉我们，只有那些热爱本职、脚踏实地、勤勤恳恳、兢兢业业、尽职尽责、精益求精的人，才能成就一番惊世伟业，才能拓展自己的人生价值。"问渠哪得清如许，为有源头活水来"，人的心灵深处，一旦有了源源流淌的活水，便有了建功立业的不竭源泉，才能真正实现满足社会需求与实现个人价值的有机统一。职业院校的学生应以工匠为标杆，以工匠精神为"活水"，争做新时代的大国工匠。

### 拓展阅读：习近平总书记激励广大青年走技能成才技能报国之路

"大力弘扬劳模精神、劳动精神、工匠精神，激励更多劳动者特别是青年一代走技能成才、技能报国之路，培养更多高技能人才和大国工匠，为全面建设社会主义现代化国家提供有力人才保障。"2020 年 12 月 10 日，习近平总书记致信祝贺首届全国职业技能大赛举办，为每一位普通劳动者鼓劲加油、指明方向。

这次大赛，从工业机械、飞机维修等先进制造业，到云计算、新能源汽车智能化技术等战略性新兴产业，再到美容、美发、烘焙、餐厅服务等现代服务业项目，一大批热爱钻研技能、追求提高技能的青年技术工人和技校生参加比拼，2500 多名选手平均年龄 21.8 岁，最小的只有 16 岁，90 后占了九成。

一方竞技场，折射出青春与时代的激情碰撞。刀砌砖垒、一呵而就，数百块砖砌成多孔拱桥，与图纸不差分毫；手指腾挪、精雕细琢，神奇地变出各类点心和糖艺造型；只用十几个小时，高大坚固的水泥钢筋房拔地而起，精度可达毫米级……大赛期间，选手们的一件件作品赢得点赞。

近年来，党和政府倡导弘扬劳模精神、劳动精神、工匠精神，尊重劳动、崇尚技能的社会氛围不断增强。数据显示，"十三五"期间全国新增高技能人才超过 1000 万人。同时，实现高质量发展仍需要大量高技能人才，这为广大青年提供了无限的发展机遇。

无论是移动机器人、焊接等"硬技能"，还是健康和社会照护、餐厅服务等"软技能"，只要熟练掌握一技之长，就可以实现人生梦想、创造社会价值。生于

1994 年的聂凤是本届职业技能大赛美发项目裁判长助理。她原是理发店一名打工者，全身心投入造型美发学习，2015 年获得世界技能大赛美发设计行业冠军，代表国家实现了该项大赛金牌零的突破。此后，她专心授课辅导、带队参赛，在重庆五一高级技工学校被破格评为副教授，享受国务院特殊津贴。她说，从"剃头匠"到"理发师"再到"发型设计师"，从一个称呼的演变就能看到美发从业者地位的提高。

当然，成功的道路并非坦途。技能成才都是在经历长期艰苦磨炼、克服重重困难后，才迎来了属于自己的"高光时刻"。新时代的技能工作者不只是"熟能生巧"，还应成为新兴技术、新兴产业的推动者。不畏挑战，不懈奋斗，追逐青春梦想，提升技能本领，方能在创新创造中攀登高峰。

激励更多劳动者特别是青年一代走技能成才、技能报国之路，让更多有志者人生出彩，仍需各方努力。进一步健全技能人才培养、使用、评价、激励制度，切实增强他们的获得感与职业荣誉感、自豪感。大力弘扬劳模精神、劳动精神、工匠精神，增强人们对技能成才观念的认同。

技能越高，舞台越大。面对"十四五"规划的重任，必须大力开展高质量职业培训，培养更多高技能人才和大国工匠。期待更多精于一技、专于一业的劳动者成为高技能人才，勤学苦练、深入钻研，练就一身真本领，在报效祖国、服务人民的过程中有所作为，为全面建设社会主义现代化国家提供源源不断的动力。

## 活动与交流

一、活动目标

让学生以大国工匠为榜样，弘扬工匠精神，争做大国工匠。

二、活动时间

课上交流建议 30 分钟，实践体验依据实际情况安排。

三、活动流程

环节一：课下让学生观看中央电视台《大国工匠》纪录片第二集"大术无极"，领略匠人们一丝不苟、精雕细琢、精益求精的劳动态度，思考他们在劳动过程中是如何根据自己的能力承担工作角色，履行自己的职责并追求极致的，以及出现问题之后是如何承担责任的等问题。

环节二：课上分小组讨论，每组设组长一名，引导大家讨论并做汇报发言。

环节三：在实训课的实际操作中体验、践行工匠精神。

## 课后思考

结合所学和实践谈一下今后你将如何践行工匠精神？

## 牛刀小试

一、单选题

1. 春秋战国时期，除农业之外的各种手工艺工匠已经形成规模，称为（　　）。
   A. 匠人　　　　　　B. 百工　　　　　　C. 工匠　　　　　　D. 手艺人

2. 明代杰出的雕刻大师陆子冈把落款刻在雕刻作品的龙头上，招致杀身之祸，这个故事告诉我们（　　）。
   A. 工匠精神培育过程中一定不要有功利心
   B. 只有保持功利心，才能真正地体现工匠精神
   C. 功利心推动工匠不断地求新创新，精益求精
   D. 功利心是一把双刃剑

3. "魔鬼在细节"一语体现的工匠精神是（　　）。
   A. 爱岗敬业　　　　B. 踏实专注　　　　C. 精益求精　　　　D. 勤奋刻苦

4. "艺痴者技必良"强调的是（　　）。
   A. 技艺高超　　　　B. 踏实专注　　　　C. 细心谨慎　　　　D. 点滴做起

5. 精益求精的工匠精神体现在工作态度上就是（　　）。
   A. 认真　　　　　　B. 勤奋　　　　　　C. 进取　　　　　　D. 专注

6. 庄子笔下的"庖丁解牛"、"运斤成风"等体现的技术价值观念是（　　）。
   A. 向善　　　　　　B. 求精　　　　　　C. 道技合一　　　　D. 重义轻利

7. "专心致志，以事其业"体现的精神是（　　）。
   A. 勤奋　　　　　　B. 敬业　　　　　　C. 精益求精　　　　D. 信念

8. 工作中，只要你每天多做一点点，每一天都是一个阶梯，每天都有新的进步。这里所体现培育工匠精神的方法是（　　）。
   A. 勤奋　　　　　　B. 专注　　　　　　C. 精益　　　　　　D. 创新

9. "工匠精神"在强调执着、坚守、专注的同时，也内蕴着突破和（　　）。
   A. 创新　　　　　　B. 勤奋　　　　　　C. 敬业　　　　　　D. 信念

10. 大型系列短片《大国工匠》，给了无数人匠心筑梦，讴歌劳动者是因为（　　）。
    A. 劳动者是创造社会历史的主体　　　　B. 劳动者是创造社会历史的源泉
    C. 劳动者决定社会历史的性质　　　　　D. 劳动者是第一生产力

二、多选题

1. 工匠精神的基本内涵包括（　　）。
   A. 敬业　　　　　　B. 精益　　　　　　C. 专注　　　　　　D. 创新

2. 把工匠精神作为信仰的做法是（　　）。

A. 从爱开始　　　　　　　　　　B. 明确目标

C. 追求完美　　　　　　　　　　D. 把工作当做修行

3. 古代社会，工匠作为一种独立的社会职业，承担的重要职责主要有（　　）。

A. 技术发明　　　　　　　　　　B. 产品研发

C. 技术推广应用　　　　　　　　D. 普及科技知识

4. 做事要讲究方法，巧干胜于蛮干。这里的"巧干"指的是（　　）。

A. 敏锐机智、灵活精明的反映

B. 在工作中，是抓住了事情的关键，并找到了有针对性方法的结果

C. 充满活力、随机应变的智慧

D. 一种分析判断、解决问题和发明创造的能力

5. 对于工匠来说，淡泊宁静的内涵主要表现在（　　）。

A. 耐得住不被理解的孤独和寂寞，营造自己的精神家园

B. 一念执着，孜孜矻矻，兼济天下

C. 工作本身就是快乐，乐业本是幸福之源

D. 拒绝名利和世俗的诱惑

三、判断题

1. 所有的工匠都具有工匠精神。（　　）

2. 工匠精神重在传承，不必要创新。（　　）

3. 人文素养将工匠的专业精神和职业态度转化为可持续发展能力、创新能力以及社会终极关怀。（　　）

4. 专注就是内心笃定而着眼于细节的耐心、执着、坚持的精神，这是一切"大国工匠"所必须具备的精神特质。（　　）

5. 工匠精神，不仅是一种工作态度，而且是一种接近于信仰的东西。（　　）

参考答案

模块三

—— 实践篇 ——

**【学习目标】**

　　正确认识生活劳动实践、生产劳动实践、服务性劳动实践的相关内容。能够对常见的生活劳动进行分类辨别，把握各类劳动活动的特点，感悟其物质价值和精神价值，学会运用科学的方法简化劳动和解决劳动难题，养成积极参与生活劳动的意识与习惯。感受生产劳动实践带来的物质成果与精神收获，树立劳动安全的自我保护意识及权利保护意识，培养尊重科学生产劳动规律的意识和能力。正确认识公益事业、志愿服务，了解其现实价值和重要意义，学会运用现代化、创新性的方式，将服务人民、奉献社会的高尚追求落实到实际行动。

**【学习指南】**

　　生活中的各类难题，只有通过诚实的劳动才能破解；成长中的美好向往，只有通过诚实的劳动才能实现；生命里的闪耀荣光，只有通过诚实的劳动才能铸就。"世界上没有坐享其成的好事，要幸福就要奋斗"，只有付出辛勤劳动，才能换来丰收的喜悦。

　　热爱劳动是中华民族的优良传统，也是践行社会主义核心价值观的集中体现，做新时代的劳动者，要正确认识劳动内涵，尊重劳动价值，弘扬劳动精神，培养劳动能力，躬行劳动实践。习近平总书记叮嘱全体学生，要德智体美劳全面发展，不能忽视"劳"的作用，要培养劳动意识，努力成为党和人民需要的有用之才。校内劳动实践教育能够有效地提高同学们的劳动意识及动手能力，帮助同学们在劳动过程中培养个人自律、责任担当、团队协作等综合能力素养。教育部提出，在大中专院校中全员实施劳动教育，并要求学生在校期间至少一次参与劳动实践。

　　本模块旨在帮助学生正确认识劳动实践、开展劳动实践活动，引导学生树立科学劳动观，感受劳动价值，养成劳动习惯，能够在成长过程中积极弘扬劳动精神，投身劳动实践，使劳动教育开花结果。

# 第一章　生活劳动实践

> **导读**
>
> 在我们的日常生活中，存在着这样一些劳动行为，它们没有直接参与社会生产，却也能够为我们提供必要的生活条件和舒适的生活环境，这便是生活劳动。本章，我们将一同探究家庭生活与校园生活中的劳动。
>
> 家庭生活劳动是指为了满足家庭成员自身生存、维系家庭功能所必须从事的各项家事活动，通常由父母与子女共同实施，家庭生活劳动能够带来不菲的经济价值以及无法用金钱衡量的情感价值，每一位家庭成员都应该参与其中。通过实施家庭生活劳动，同学们能够学习生活劳动技巧，树立崇尚劳动的精神。
>
> 校园生活劳动是指为了满足教育工作的有序实施、教学主体的正常活动而发生在校园内的劳动行为，通过对校园中的劳动者进行观察，理解校园生活劳动所带来的环境价值、精神价值。通过实施校园生活劳动，同学们能够树立崇尚劳动、热爱劳动的精神，培养良好的劳动习惯。

## 第一节　"衣食住行有担当"家庭生活主题活动

### 案例导入：华东师大开做饭课算学分

2021年新学期伊始，华东师范大学新开的《家常菜》课程颇受学生关注，推出不到24小时，选课人数就已爆满。上课地点设在食堂，由食堂大厨授课，考试形式可能是烧一道菜，供师生品尝，由师生打分。教务处副处长苟健表示，这是学校在劳动教育方面的探索。此次新增的课程，就是想通过后勤保障部门的配合，以家庭生活技能模块为试点，探索劳动育人的创新模式。据悉，除了《家常菜》课程外，华东师范大学在劳动教育上还开设了《劳动与生活》课程，主要教授房间空间的整理、收纳以及插花等，让学生们能自己动手体验家庭生活劳动，更多地参与到劳动中去。

```
第二章 家常菜肴、面食、点心制作要点讲解与操作
（12学时，支撑课程目标1和2）
1.家常菜——青椒土豆丝（2学时）
1.1常用刀工技法与原材料成形²（重点）
1.2青椒土豆丝制作过程示范讲解和操作
2.海派菜——八宝辣酱（2学时）
2.1配菜的意义与基本方法²（重点）
2.2八宝辣酱制作过程示范讲解和操作
3.粤菜系——菠萝咕咾肉（2学时）
3.1上浆、挂糊、拍粉、勾芡工序的区别及应用²（难点）
3.2菠萝咕咾肉制作过程示范讲解和操作
```

图 1-1　华东师范大学《家常菜》课程部分教学内容

"夫民劳则思，思则善心生；逸则淫，淫则忘善；忘善则恶心生。"这是《国语》通过对生活实践的提炼总结，告知后人养尊处优难以使人成才，勤劳忙碌才是真正的育才沃土。劳动是使人萌发善心的源动力，善心能催人奋进、孜孜以求，促使人不断地去完善自己。反之，好逸恶劳则会让人自我放纵、迷失善心、滋生邪念。

## 一、认识家庭生活劳动

1. 家庭生活劳动

家庭生活劳动，是为满足家庭成员自身生存、维系家庭功能所必须从事的各项家事活动，包括烹调、洗涤、抚养幼儿、赡养老人等，具有私人性、无偿性的特点。

每一个安乐的家都会有一日三餐、一大堆油腻的碗、要洗晾要熨烫要折叠的衣服、时常会脏的地板、忽然就满了的垃圾桶、会蒙尘的家具、会堵塞的马桶、会烧坏的灯泡、需要照护的老幼、需要接待的访客，等等。凡是家中所有日常生活中需要处理的事情，都属于家庭生活劳动。

图 1-2　认识家庭生活劳动

一般认为，日常的家务劳动可分为三类：

(1) 重复性劳动

这类劳动是我们日常生活中最常见也最基础的劳动类型，拥有标准化思路和规范化流程，做饭，打扫房间，购买杂货、日常用品，洗碗或饭后清理，清洗、烫、叠衣服，这些家务劳动不但最耗时间，而且是必须要做的、最不可能推迟的，它们都具有"不可任意支配性"、"普通平凡性"、"重复性"、"繁重性"和"无情感性"。

图 1-3 重复性劳动——做饭

(2) 偶然性劳动

这类劳动属于触发性劳动，在时间空间上不具有计划性，如园艺、修理、驾车接送他人、付账等，是在时间安排上相对灵活的、突然出现的、可自由支配的和更有趣的劳动，是更具有偶然性的劳动。

(3) 感情性劳动

这类劳动是由亲情、友情等我们日常生活中最真挚的情感为纽带而引起的劳动，更多体现在亲人或者朋友之间，附带更高的感情价值和继承意义，如照顾老人、陪伴子女等，同样是家庭生活劳动中不可忽视的一部分。

图 1-4 偶然性劳动——修理　　图 1-5 感情性劳动——照顾老人

2. 家庭生活劳动者

家庭生活劳动者是指参与家庭生活劳动的主体。家庭生活劳动是每个家庭最基本的劳动方式，推动着每个家庭的发展，在社会发展中具有普遍性，与每个家庭成员存在密切联系。但由于家庭生活劳动发生在家庭中，很多人不认可它是社会劳动的一种。事实上，承担家庭生活劳动体现的是一种家庭责任，每个家庭成员都应该是家庭生活劳动的主体。

131

家庭生活劳动的主要发生场所是在一个家庭当中，因此，家庭生活劳动者也主要由家庭成员构成。父母与子女是主要的家庭生活劳动者，承担了一个家庭中全部的家庭生活劳动。

　　随着社会发展，家庭生活劳动者的分工也在不断发生着变化。在封建社会，由于男女性别存在着天然的差异，幼小的子女通常是由母亲来亲自照顾，出外谋生的任务就主要落在了父亲身上，母亲往往承担起了整个家庭的生活起居，这就形成了所谓的"男主外、女主内"的传统家庭劳动分工，母亲成为主要的家庭生活劳动者。

图1-6　母亲成为主要的家庭生活劳动者　　图1-7　越来越多的男性参与家庭生活劳动

　　现代社会分工与原始时期不同，人们不管男性还是女性，受教育的程度都普遍较高，各行各业都出现了女性的身影，女性这个角色开始活跃在社会生活的方方面面中；同样的，男性也越来越多地参与家庭生活劳动，逐渐形成平等和睦、共同参与的新型家务分工。

　　子女作为一名重要的家庭成员，同样是家庭生活劳动的参与者，根据年龄的大小可参与不同程度的家庭生活劳动。

### 拓展阅读

下面是一份不同年龄段孩子的家务清单。

9~24个月：可以依据一些简单易行的指示，比如自己把脏的尿布扔到垃圾桶里。

2~3岁：可以在家长的指示下把垃圾扔进垃圾箱，或当家长请求帮助时，帮忙拿取东西；帮家长把衣服挂上衣架；晚上睡前整理自己的玩具。

3~4岁：睡前帮助铺床，如拿枕头、被子等；饭后自己把盘碗放到厨房水池里；把自己的脏衣服放到装脏衣服的篮子里；帮助家长把叠好的干净衣服放回衣柜。

4~5岁：不仅要熟练掌握前几个阶段要求的家务，并能独立做到：自己铺床；准备餐桌；饭后把脏的餐具放回厨房；把洗好烘干的衣服叠好放回衣柜；自己准备第二天要穿的衣服。

5~6 岁：不仅要熟练掌握前几个阶段要求的家务，并能帮忙：擦桌子；铺床、换床单；自己准备第二天去幼儿园要用的书包和要穿的鞋等；收拾房间，把乱放的东西捡起来并放回原处。

6~7 岁：不仅要熟练掌握前几个阶段要求的家务，并能在父母的帮助下洗碗、盘，能独立打扫自己的房间。

7~12 岁：不仅要熟练掌握前几个阶段要求的家务，并能：做简单的饭；帮忙洗车；扫地拖地；清理洗手间、厕所；会用洗衣机；出门倒垃圾。

13 岁以上：不仅要熟练掌握前几个阶段要求的家务，并能：擦玻璃（里外两面）；清理冰箱；做饭；依据清单购物；洗衣、晾衣、叠衣等。

16 岁以上：基本能承担所有的家庭生活劳动。

图 1-8　子女根据年龄大小参与家庭生活劳动

## 二、家庭生活劳动的价值

1. 家庭生活劳动的经济价值

面对家庭生活劳动，社会上主要存在两种观点。一种观点认为，家庭生活劳动不属于社会生产劳动，不创造价值。另一种观点认为，家庭生活劳动再生产着在外工作的家庭成员的劳动力，同时孕育、抚养、再生产着下一代劳动力，具有独特的价值。

与职业劳动相比，家庭生活劳动常常得不到应有的尊重。按照一般劳动价值理论，价值是以交换价值为具体表达形式。家庭生活劳动虽会产生利于他人的使用价值，但仅止步于利于家庭而已，而非以商品交换为媒介参与到社会生产的一环，因此，家庭生活劳动作为一种私人劳动，即便十分重要，也一直没有得到经济意义上的广泛承认。

目前有两种方法估算家庭生活劳动：

一是机会成本法：以同样时间内外出工作可能在劳动力市场上得到的工资回

报，估计家庭生活劳动的价值。

二是家庭食品法：以家庭不做饭而是到饭馆吃饭和吃方便食品的方法解决平时的一日三餐，消费成本等于家庭生活劳动的价值。

### 拓展阅读

2020年6月，一份"双语硕士，放弃30万年薪去做保姆"的报道引起热议。

这位32岁的双语硕士刘女士，曾有过大型跨国企业的工作，年薪30万，在结婚生完孩子之后放弃了之前的工作，想多增添一些时间在家陪陪孩子。因为机缘巧合，在跟一名年轻家政人员接触的过程中，发现家政这个行业的工资还是挺高的，所以就有了从事这个行业的打算。刘女士从2018年开始就在杭州早教中心担任早教指导师的职位，如今，刘女士为了进军家政服务行业，正处于培训、考试阶段。总体而言，能够发现刘女士是一个敢于突破自己的行动者。

但是，刘女士转行的想法却受到很多质疑："你可是硕士毕业，还精通两门外语，在别人家当保姆，也太丢人现眼了。"而刘女士却坚持认为，职业无贵贱，家政保姆同样是登得上大雅之堂的职业。

近年来，随着人们工作节奏的普遍加快和生活品质的迅速提升，家政服务开始越来越多地走进普通家庭，家政学也开始作为一门专业进入大学招生的专业目录。2019年6月，国务院办公厅印发了《关于促进家政服务业提质扩容的意见》，该意见提出，支持院校增设一批家政服务相关专业。原则上每个省份至少有1所本科高校和若干职业院校开设家政服务相关专业，扩大招生规模。意见提出后，同年便有72所大学增设了家政专业，家庭生活劳动受到了前所未有的重视。

### 看数据

互联网家政服务平台"阿姨来了"以2020年该公司签约上岗阿姨的真实数据为依据统计推出了《2020阿姨年鉴》。该年鉴显示，2020年家政阿姨们的平均工资为5752元，其中，5.0%的家政阿姨月收入超过10000元，10.8%的家政阿姨月收入在8000元至10000元之间，57.9%的家政阿姨月收入在5000元至8000元之间。

图1-9 家政阿姨收入越来越高

家政行业作为家庭生活劳动的市场化形式,让我们更具体地感受到家庭生活劳动蕴含的经济价值。

**2. 家庭生活劳动的情感价值**

作为家庭生活的重要形式,家庭生活劳动中的体力劳动成分可以通过购买社会服务而解决,情感劳动成分仍然有着不可替代的意义。

家庭生活劳动是中华优秀传统文化的传承。《朱子家训》是一部以家庭道德为主的启蒙教材,精辟地阐明了修身治家之道,其内容继承了中华传统文化的优秀特点,比如尊敬师长、勤俭持家、邻里和睦等。《朱子家训》开篇第一句便提出了做家务是孩子每天要做的第一件事情,"黎明即起,洒扫庭除,要内外整洁"。不难看出,家务劳动亦是中国文化的一贯追求,大家依此践行,以期成长为一个有高尚情操的人。

图 1-10 《朱子家训》

家庭生活劳动还能够帮助我们建立更稳定、更亲密的家庭关系。家务事,你做我也做,体现的是互助,彰显的是平等,久而久之,会成为家庭和睦的润滑剂。在劳动过程中,夫妻双方有了更多的沟通与理解,父母与子女有了更丰富的互动与交流,子女有了孝顺父母的具体方式,家庭成员合作完成一系列劳动任务,优化家庭环境,温馨、和睦、幸福的家庭在这个过程中孕育而生,每一个家庭成员都应该参与其中。

图 1-11 家庭生活劳动促进家庭关系和睦

### 三、实施家庭生活劳动的方式

家庭生活劳动是忙碌的，往往需要劳动者们定时准备食物，清扫房间的每个角落，一有空就要洗衣服，为了让家里的每个成员都能舒适地休息，必须无时无刻地观察家中每一处角落，即便出门，也有精细的采购清单需要完成。如何能缩短家庭生活劳动的时间，让家庭生活劳动变得更容易、更轻松呢？怎样让打扫与清洁更安全并确保全家人的健康？下面就为大家介绍四种快速且方便的家庭生活劳动技巧，让琐碎的劳动变得有条不紊，达到事半功倍的效果。

1. 分类归纳

分类思维属于一种模块化思维，人们可以按照事物表象、性质等不同特征进行分类。没有进行分类或分类不精准，就会导致效率低，越做越乱，大脑一片混乱，就像我们如果没有将家里的工具进行分类，全都混在一起，不需要用时我们便会将它们遗忘，需要用的时候却无从下手，不知道去哪找。而学会将家庭生活劳动按照各自特性进行归类，会提取相关知识经验，有序不紊、不重复、不遗漏地实施劳动，从而达到事半功倍的效果，当在生活中遇到紧急情况或困难时，不会手忙脚乱，无从下手。

2. 化整为零

生活中的碎片时间都可以被利用起来，比如下厨、洗衣时顺手就做一些打扫；做完饭后及时清理洗碗池、水龙头，擦拭料理台；如厕后随手清洁一下便盆内外侧，避免产生异味。这些家务事只需要花一点时间就能完成，可以在不占用过多精力的同时日积月累、化零为整。清洁靠平时维护，等到污垢积累形成顽垢才清扫，会消耗更多时间和力气。每天做一点，并针对重点区域打扫，自然而然会提高效率。

3. 掌握技巧

当今这个时代，信息高度发达，我们要想提高效率，更要学会站在巨人的肩膀上成就自我，学会借鉴前人成熟高效的经验、技巧，能为你节省很多时间和精力。如刷餐具时，没有油污就用清水冲刷；少许油污可用开水烫洗；油污过重，可先用餐巾纸擦去油污后再洗净。刷洗灶台、水池等时，可以将小苏打溶于水，用抹布擦洗。冲洗马桶时，过期的可乐、橘子皮水等也能起到有效的清洁作用。

4. 利用工具

工欲善其事，必先利其器。利用身边各种有效的工具、试剂等，更科学地将实用的工具与高效的技巧方法结合起来，可以事半功倍，使家庭生活劳动更加顺手、高效。

## 活动与交流:"衣食住行有担当"家庭生活主题活动

图 1-12 "衣食住行有担当"家庭生活主题活动

一、活动目标

引导学生理解家庭生活劳动的价值,在家庭生活中积极参与劳动,树立崇尚劳动的精神,培育劳动技能。

二、活动时间

利用晚上、周末回家的时间进行实践,并持之以恒地坚持下去。

三、活动流程

1. 以时间为线索,总结自己家庭中的家庭生活劳动及主要承担者,在此基础上对家庭生活劳动进行重新分工,想一想自己可以承担哪些家庭生活劳动。

表 1-1 家庭生活劳动重新分工表

| 时间点 | 家庭生活劳动内容 | 主要承担者 | 重新分工 |
| --- | --- | --- | --- |
| 7:00 | | | |
| 9:00 | | | |
| 11:00 | | | |
| 13:00 | | | |
| 15:00 | | | |
| 17:00 | | | |
| 19:00 | | | |
| 21:00 | | | |
| 体验与感悟 | | | |

2. 依照表格内容，将计划的家庭生活劳动付诸行动。
3. 记录下实践一周后的体验与感悟，与同学们进行交流。
4. 老师进行总结与点评。

### 课后思考

在从事家庭生活劳动的过程中，你发现了哪些家庭生活劳动小技巧？

## 第二节 "我的区域我负责"校园生活主题活动

### 案例导入

2020年的冬天，烟台迎来了一场厚达30厘米的降雪，一夜之间，公路、海岸、楼宇全都盖上了厚厚的雪被，宛若一个冰雕玉砌的琉璃世界。

但是恶劣天气没有冻住同学们的劳动热情，厚重的积雪阻挡不住他们为大家服务的决心，大家齐心协力，在学校主要干道等地方，挥动铁锹扫帚，扫的扫、铲的铲，呈现出一派热火朝天的劳动景象。每清扫干净一段路面时，大家脸上都会洋溢出胜利的喜悦，使这寒冷的冬日充斥着温暖与阳光。期间，老师、保安大哥、保洁大姐们也加入到扫雪的队伍中，大家一起在路边扫雪除冰，既为广大师生的出行提供了便利，同时大家也从中感悟到了劳动的乐趣和团结的力量。

图 1-13 校园中扫雪的同学们　　图 1-14 校园中扫雪的老师们

### 一、认识校园生活劳动

1. 校园生活劳动

校园是我们共同学习、一起生活的地方，我们每年大概有一半的时间都是在校园里度过的，所以，校园成为了我们生活中主要接触的劳动场所之一。校园生活劳动指的是为了满足教育工作的有序实施、教学主体的正常活动而发生在校园内的劳动行为。

下面是一张以"校园场所"为中心关键词，以校园的不同场所为逻辑线索的思维导图，参照此图，一起来初步认识一下我们校园生活中常见的劳动活动。

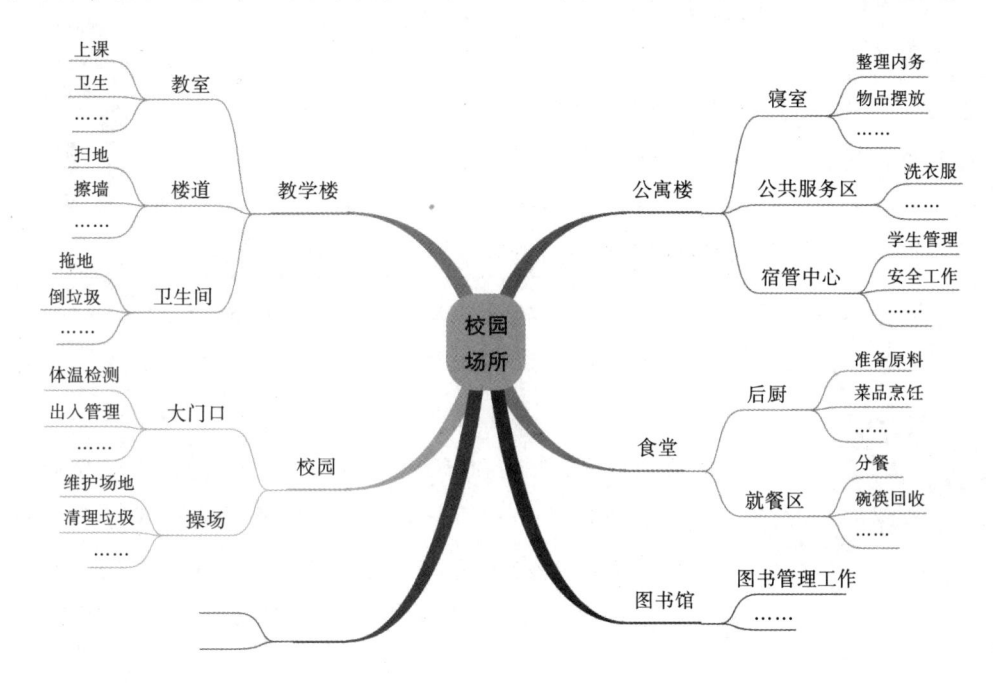

```
                 上课
             ┌─ 卫生 ── 教室
             │  ……                                整理内务
             │                               ┌─ 寝室 ── 物品摆放
             │  扫地                          │        ……
             ├─ 擦墙 ── 楼道 ── 教学楼         │
             │  ……                          │            洗衣服
             │                    公寓楼 ──┼─ 公共服务区 ── ……
             │  拖地                        │
             ├─ 倒垃圾 ── 卫生间             │            学生管理
             │  ……                          └─ 宿管中心 ── 安全工作
                              校园场所
             │  体温检测                                 准备原料
             ├─ 出入管理 ── 大门口             ┌─ 后厨 ── 菜品烹饪
             │                                │        ……
             │                       食堂 ──┤
             │  维护场地                       │         分餐
             ├─ 清理垃圾 ── 操场              └─ 就餐区 ── 碗筷回收
             │  ……                                       
                          ── 校园              图书馆 ── 图书管理工作
                                                        ……
```

图 1-15 "校园场所"劳动活动思维导图

2. 校园生活劳动者

我们将为了保证教育工作的有序实施、教学主体的正常活动而付出劳动的人们称为校园生活劳动者。不难发现，校园里有添砖加瓦的建筑工人、勤勤恳恳的保洁阿姨、兢兢业业的老师、夜以继日的安保人员……当然，这里也有你我，做好校园生活劳动，也是我们每个人的责任，每位学生都应该落到实处。

下面截取了部分校园劳动者的采访记录，让我们一起倾听校园劳动者的声音，体会他们的辛勤劳动中蕴藏的精彩。

> 我很重视我的学生，我希望能通过我的努力去影响、改变一个孩子，指引他们走上正确光明的道路，这是我作为老师最大的初心……我不仅给学生们传授专业知识，也向他们传授做人的道理，帮助这些临近成年的孩子树立正确的三观，让他们懂得感恩、了解感恩，这是作为一名教师最幸福的事情。

校园巡逻的工作琐碎而辛苦，每日保持十个小时的工作时长，每天总是忙忙碌碌的。但是一想到是服务学生嘛，我就充满了干劲，多干点也没事。我记得去年啊，有个学生脚崴了，我便把他扶到医务室去了，他还笑着感谢我呢，那时候我真切地感受到了自己岗位的意义！

我的岗位是后厨，是食堂的核心，我从入职到现在有六年了，我的工作场所就是厨房，每天凌晨4点多便需要展开工作，煎、炒、炸……这几年下来，也没有什么特殊的事情，每天就是默默地劳动着，一如既往，但每当看到孩子们吃得米粒不剩，我心里也高兴。

我在宿舍楼工作的这些年，大多是巡查宿舍、打扫清洁等日常工作，平日里也经常和同学们来往，我还和一些同学加了微信呢，每天与这些年轻人相处在一起，我仿佛也年轻了许多……我希望大家一起保护宿舍环境，千万不要把垃圾藏在楼道，有时候我们发现不了，不仅会发臭，还会生很多小虫子，希望同学们也能配合，大家一起把工作做好，创造一个和谐美好、干净整洁的居住环境。

## 二、校园生活劳动的价值

1. 校园劳动为我们带来和谐、舒适的校园环境

教育部、中央文明办印发了《关于深入开展文明校园创建活动的实施意见》。《意见》明确了高校、中学、小学文明校园的"六好"具体标准：领导班子建设好、思想道德教育好、活动阵地好、教师队伍好、校园文化好、校园环境好。

该《意见》提出，加强校园规划和建设，做好绿化美化，实现校园山、水、园、林、路的使用功能、审美功能和教育功能的和谐统一，激发师生爱校热情。注重校园公共场所的人文景观建设，运用雕塑、书画、建筑等形式，提升校园文化形象。组织师生参与校园楼宇、道路、景点和公共区域的规划、建设、命名和管理，增强师生对校园环境的认同感。做好教学设施规划管理使用，校园教学、文艺、体育、科技等活动场所布局合理、整洁有序。做好校园净化绿化美化工作，自然景观、人文景观错落有致，使用功能、审美功能和教育功能和谐统一，建设美丽校园。

图 1-16　建设美丽校园

　　一砖一瓦、一草一木、一字一句皆是我们的校园，每一件看似轻松的劳动背后都凝聚着无数的辛劳与智慧。校园里有工人的劳动，因而我们住进了宽敞明亮的宿舍；校园里有保洁阿姨的劳动，因而我们享受着美丽整洁的校园环境；校园里有教师的劳动，因而我们学习着涤荡心灵的知识……当然，这里也有你我的劳动，我们付出的一点一滴，共同营造了一个舒适的学习环境，让我们每天走在校园里都有着一个好心情。

2. 校园劳动给我们带来精神上的满足、幸福

### 拓展阅读

下面我们一起来阅读一位值周同学的日记。

#### 值周日记

　　一直以来，同学们对值周都很期待，因为听说这一天不用上课，这是不是就意味着可以休息了？

　　12 月 7 日，终于轮到我们班劳动值周了！一大早，同学们就早早地到了西门集合，大家的情绪都很高涨，面对分配的各项任务，都以极大的热情予以接受，只听见欢笑声在校园的各个角落此起彼伏。

　　但当大家来到劳动岗位后，才发现事情并没有想象得那样轻松。我跟同组的几名同学一起负责清理整栋宿舍楼的卫生，包括扫地、拖地、擦拭、倒垃圾……

劳动固然是艰苦的，但同学们在劳动中发扬出来的乐观积极的精神却是非常难能可贵的，大家会在烦闷的时候不经意地说起自己的童年生活，说起自己的家乡，随即，一幅幅憨直纯朴的画面出现了，让彼此看到了另一面，另一个不为大家所熟悉而又最真实的自己。

这是我们第一次值劳动周，虽然只有短短的一天，但在这一天中我们却用辛勤的劳动在浇注我们的责任。我们出现在校园的每个角落，一遍遍地清扫着熟悉的校园，我们累过，疲倦过，所有的一切都将刻入我们成长的历程，因为我们懂得了责任的价值，懂得了珍惜的内涵。这是一次身体力行的体验，将我们42颗真心拴起的纽带，诠释着劳动的真谛，我们把祥和、清爽、朝气、顽强不屈的意志洒满校园，感动着你，感动着我。

图1-17 值周活动

校园劳动给我们每个人提供了一个全面发展和表现自己能力的机会，帮助我们从自身的劳动创造活动中获得自己及他人的认同和肯定，事实上是一种自身价值实现的满足感，这种满足不是虚无的，而是真实的幸福。

### 三、实施校园生活劳动

**课堂讨论**：你是否也参与过校园劳动，结合自己的真实经历，将你参与过的校园劳动填写入下列方框当中，并将自己在校园劳动过程中遇到的难题记录下来，与同学们一起寻找解决的办法。

我参与的校园劳动：

我遇到的难题：

_____

_____

_____

没有一件事情是轻而易举就能做好的，劳动也是如此。在劳动的过程中，同学们可能会遇到很多的难题，这些难题会延长劳动的时间，徒增劳动的工作量，使原本幸福的劳动变得异常艰辛、繁重，有时甚至会使人产生放弃的想法。面对困难，我们要以乐观的心态去面对，以智慧为依据去行动，运用科学合理的解决办法，从而收获成功的喜悦。

下面就来介绍有关科学应对劳动难题的几种常见方法。

1. 统筹规划法

科学地安排劳动的每个程序，使之前后衔接自然紧凑，进而节省时间和精力。以整理宿舍内务为例，整理宿舍内务一般要经过这样一些工作程序：叠被—摆放枕头—整理床单—洗漱—洗手间扫地—洗手间拖地—整理床底—阳台摆放—扫地—拖地等，若根据各类活动所涉及的时间与场地，重新梳理劳动顺序，就可以节省很多时间。比如先进行扫地工作，将阳台的垃圾清理出来，再进行阳台物品的摆放，避免因扫地造成的物品挪动而带来的重新摆放；再比如部分同学洗漱时，另一部分同学可以同时进行阳台清扫工作，从而缩短整体用时。在这个过程中，每道工作程序的方式、方法、速度都没有变动，但时间却大大缩短，早晨的内务劳动便不再那么匆忙。

2. 任务分散法

将劳动分散化，随时随地完成零星的劳动内容，或者将费时费力的劳动分解为零星的几个劳动，然后分别完成。以清理校园杂草为例，这是一件需要较多时间、精力去完成的大型劳动，如果一气呵成，很难找到连续的时间；即使可以挤出这样的时间，长时间重复同样的动作也会使我们疲劳不堪，因而，我们可以尝试将它安排到不同的零散时间内去完成，如果每天除一点，既不会影响其他的校园活动，又不会觉得太累。

3. 相对集中法

将某些零散的劳动集中起来一起做，可以是时间上的集中，也可以是地点上的集中，一口气完成。以班级的清扫、通风、摆放桌椅为例，这几件事情每天要重复多次，如果分头来做，将会十分烦琐，我们可以将其集中起来，早、中、晚分别安排一个固定的时间段，利用这段时间一次做完三件事情，以便从马不停蹄的繁忙中解脱出来。

### 4. 寻求帮助法

由于个人的精力、经验有限，有的劳动确实超过了个人的能力范围，或者由多人来完成更为合适，这就需要我们寻找同伴的帮助，把团体成员的力量组织在一起，共同解决劳动中遇到的问题。以擦拭教室门窗为例，来往的同学很难知道教室里面在擦拭门窗，往往推门而入，极大影响了劳动进程，如果邀请一名同学作为帮手，提醒其他同学出入绕行，效率则会大大提高。

干净整洁的校园绝非一人能为，营造美好校园是我们的共同目标，同学们要积极参与校园生活劳动，将劳动品质渗透到日常琐事，化之为行动，让劳动成为一种习惯！

图1-18　干净整洁的校园环境

## 拓展阅读

2018年5月，一位香港搬运工突然走红网络。这位搬运工是一名清秀的姑娘，干起活来风风火火，大包小件拖起就走，200公斤的货对她早已是小菜一碟。这和她娇小的身影形成强烈反差，大家纷纷称她为"最美搬运工"。

这位姑娘做搬运工已有8年。不知是谁，拍了她运货时的照片，引起了媒体的关注，她那种面容朴素、身手矫捷的工作状态，充满了正能量，不由得让人敬佩。还有大婶心疼她，亲自煲凉茶给她喝。

人清新朴实，话也有力量。她接受采访时说的两句话，尤其让人佩服："有汗出有粮出，就没有什么问题""我不可以倒下，因为我倒下就没有人撑我"。这两句话加在一块，其实就是当年陶行知先生的那首著名的《自立歌》："滴自己的汗，吃自己的饭，自己的事自己干。靠人靠天靠祖上，不算是好汉。"跨越时空、遥相呼应的两段话，都体现出一种自强不息的奋斗理念。

奋斗理念，首先要建立主体性，把改善生活状态的希望寄托在自身。重心在己，不等不靠，立足就稳。我们常说的一句话叫"内生动力"，自己不加油，等着别人来帮助解决人生困难，难以长久。谁没有自己的生活重担要挑呢？如果人人都幻想着"搭车"，谁来"拉车"？光坐没人拉，这车一定趴。

奋斗理念，还体现在行动性。要靠自己改变命运，从自己的条件出发，找准努力的方向，然后就是付出心血。路上的障碍，靠努力一点点铲除。每克服一个障碍，就会增长一定的能力、换来一定的收益，而这就是继续前进的新起点。一步一步，越走越稳。久吟成诗、久战成将，只有自己真正拥有了技能和应对复杂情况的能力，人生才真正有了保障。

当每个人都具备"撑自己"的决心，去追求奋斗后的快乐时，我们才能迎来一个更光明的未来。

劳动能够创造美好生活，能够化解危机。一个勤于劳动、善于劳动的人，不论从事什么性质的工作都能够创造属于自己的美好生活；反之，如果一个人没有劳动的意识和理念，总想着依靠他人的帮扶过生活，那么他将一事无成。当代大学生是祖国的未来、是民族的希望，需要树立"劳动创造生活"的正确理念。

## 活动与交流："我的区域我负责"校园生活主题活动

一、活动目标

引导学生理解每一种劳动都是有价值的，树立崇尚劳动、热爱劳动的精神，培养良好的劳动习惯。

二、活动时间

利用一周的时间进行集中实践，并持之以恒地坚持下去。

三、活动流程

1. 请同学们各自认领一片校园区域，罗列出自己区域所包含的劳动内容，科学地设计出劳动方案。

图1-19 "我的区域我负责"校园生活主题活动

表1-2 "我的区域我负责"校园劳动计划表

| 我的区域 | 劳动内容 | 劳动方案 | 实施效果 |
|---|---|---|---|
|  |  |  |  |
| 体验与感悟 | | | |

2. 依照表格内容，将计划的校园劳动付诸行动。

3. 记录下实践一周后的体验与感悟，并与同学们交流。

4. 老师进行总结与点评。

## 课后思考

在参与校园劳动的过程中，你想到了哪些合理安排校园劳动的方法？

## 牛刀小试

一、单选题

1. 下列选项中，与"夫民劳则思，思则善心生"意思最相近的是（　　）

A. 人生最大的快乐，是自己的劳动得到了有效的成果。

B. 老百姓要劳作才会思考，要思考才能找到改善生活的好办法。

C. 人之发展在于勤奋，人之衰落在于懒惰。

D. 闲散安逸会导致人们过度享乐，人们过度享乐就会忘记美好的品行，产生邪念。

2. 家庭生活劳动中的（　　）可以通过购买社会服务而解决，（　　）仍然有着不可替代的意义。

A. 体力劳动成分；偶然劳动成分　　B. 情感劳动成分；体力劳动成分

C. 体力劳动成分；情感劳动成分　　D. 情感劳动成分；偶然劳动成分

3. 下列关于家庭生活劳动的价值，描述正确的是（　　）。

A. 家庭生活劳动不创造价值

B. 家庭生活劳动仅创造经济价值

C. 家庭生活劳动仅创造情感价值

D. 家庭生活劳动具有经济价值和情感价值

4. 以下不属于家庭生活劳动的情感价值的是（　　）。

A. 夫妻双方有了更多的沟通和理解

B. 父母与子女有了更丰富的互动与交流

C. 子女有了孝顺父母的具体方式

D. 再生产着其他社会劳动力

5. 通过（　　）的方式，能够将劳动按照特性进行归类，有条不紊、不重复、不遗漏地实施劳动，从而达到事半功倍的效果。

A. 分类归纳　　　B. 化整为零　　　C. 掌握技巧　　　D. 利用工具

6. 通过（　　）的方式，可以在劳动的过程中，将生活中的碎片时间利用起来，提高效率。

A. 分类归纳　　　B. 化整为零　　　C. 掌握技巧　　　D. 利用工具

7. 通过（　　）的方式，能够在劳动过程中借鉴成熟高效的经验、技巧，节省时间和精力。

A. 分类归纳　　　B. 化整为零　　　C. 掌握技巧　　　D. 利用工具

8. 以下不属于高校、中学、小学文明校园的"六好"具体标准是的（　　）。

A. 思想道德教育好　　　　　　B. 校园文化好

C. 校园环境好　　　　　　　　D. 专业建设好

9. 面对劳动难题时，通过（　　）方法可以有效的科学的安排劳动程序，使之前后衔接自然紧凑，节省时间和精力。

A. 统筹规划法　　　　　　　　B. 任务分散法

C. 相对集中法　　　　　　　　D. 寻求帮助法

10. 有的劳动确实超过了个人的能力范围，可以通过（　　）方法来解决难题。

A. 统筹规划法　　　　　　　　B. 任务分散法

C. 相对集中法　　　　　　　　D. 寻求帮助法

二、多选题

1. 家庭生活劳动具有（　　）的特点。

A. 私人性　　　B. 公益性　　　C. 有偿性　　　D. 无偿性

2. 家庭生活劳动者包括（　　）。

A. 父亲　　　B. 母亲　　　C. 未成年子女　　　D. 成年子女

3. 校园劳动的价值包括（　　）。

A. 记载着学校发展的历史变迁

B. 提升学校知名度

C. 为劳动者带来和谐、舒适的校园环境

D. 为劳动者带来精神上的满足、幸福

4. 以下属于校园生活劳动者的是（　　）。

A. 校区建筑工人　　　　　　　　B. 校区保洁阿姨

C. 教师　　　　　　　　　　　　D. 学生

5. 加强校园规划和建设，做好绿化美化，实现校园山、水、园、林、路（　　）和谐统一。

A. 使用功能　　　B. 审美功能　　　C. 教育功能　　　D. 发展功能

三、判断题

1. 凡是家中所有日常生活中需要处理的事情，都属于家庭生活劳动。（　　）

2. 在现代家庭生活中，逐渐形成平等和睦、共同参与的新型家务分工。（　　）

3. 校园生活劳动是为了满足学生个人生活需要而发生的劳动行为。（　　）

4. 学生不属于校园生活的劳动者。（　　）

5. 校园绿化建设无需承担审美和教育功能。（　　）

参考答案

# 第二章　生产劳动实践

> **导读**
>
> 随着经济社会的发展，劳动的方式不断发生着变化，但"功崇惟志，业广惟勤"始终是不变的人生哲理，千千万万的劳动者用他们的智慧、他们的勤奋、他们的坚持、他们的创造，不弃微末，久久为功，共建起祖国的巍峨大厦。本章，我们将一同实践生产劳动活动。
>
> 烘焙是面包、蛋糕、甜点类产品制作不可缺少的步骤，经过对烘焙食品、工具的了解，对烘焙活动产生初步的认识，领略烘焙所沉淀的历史变迁，体会烘焙所带来的美妙心境。通过实施烘焙活动，同学们能够体验探索的精彩，品味创作的幸福。
>
> 本章节所说的园艺，指的是利用建筑物空间或区域，配合城市建设，美化庭院，加速绿化，在贯彻生态文明的发展理念的同时，还能够帮助建设美丽校园、发挥环境育人的教育作用。通过实施园艺绿化活动，同学们能够树立绿色环保的文明理念，加深对校园环境的认同感。

## 第一节　"体验烘焙乐趣　享受美味人生"主题活动

**案例导入**

品味香香甜甜的月饼，是中秋节的传统食俗。每逢中秋赏月之时，月饼总是人们餐桌上必不可少的点心。如今大家正热火朝天地讨论着，五仁馅月饼到底是不是黑暗料理？但很少有人知道，月饼究竟是从何时而来，又如何成为中秋节的象征食物。

月饼是古代中秋祭拜月神的供品，流传下来逐渐形成了中秋吃月饼的习俗。据史料记载，早在殷周时期，江浙一带就有一种纪念太师闻仲的边薄心厚的"太师饼"，这是中国月饼的"始祖"。北宋之时，这种饼被称为"宫饼"，最初在宫廷内流行，流传到民间之后，俗称"小饼"和"月团"。后来演变成圆形，寓意着团圆美好。

苏轼有诗云："小饼如嚼月，中有酥和怡。"到了明代，月饼才在民间流传开来，而且只在中秋节吃。这时候出现了大量关于月饼的记载，如《帝京景物略》："八月十五祭月，其祭果饼必圆。"那时候做月饼的师傅心灵手巧，发挥了极大的主观能动性，甚至借嫦娥奔月的神话故事，作为艺术图案印在月饼上，更适合中秋节赏月思亲的气氛。

2008年，"月饼传统制作技艺"被列入第二批国家级非物质文化遗产名录。如今，流传下来的传统月饼分为几大类，包括广式、京式、苏式、潮式、滇式等。

图2-1 我国部分月饼种类

## 一、认识烘焙

1. 烘焙食品

烘焙食品是指以小麦粉、油脂、糖及糖浆、蛋及蛋制品、乳及乳制品、酵母、盐、水等为基本原料，以膨松剂、乳化剂、防腐剂、增稠剂、稳定剂、调味剂、香精香料、色素、果仁、籽仁、果脯、蜜饯、巧克力、酒、茶等为辅料，以烘烤为主要熟制工艺的一类方便食品。烘焙食品主要包括面包、饼干、糕点三大类。

随着近代工业的发展，烘焙食品的门类更趋繁杂，逐渐成为方便食品的重要组成部分，而且品种越来越丰富，其中有的已经自成工业生产体系。由于烘焙食品食用方便，在世界大多数国家中，无论是作为人们的主食还是副食，烘焙食品都占有十分重要的位置。我国历史上的烙饼、锅盔、中式点心、月饼，都属于烘焙食品的一类。

图 2-2 烘焙食品

## 2. 烘焙工具

学习烘焙，首先要学会认识各种烘焙工具。这里为大家介绍一些烘焙中要用到的基础工具。

表 2-1 常见烘焙工具表

| 图片 | 名称 | 说明 |
| --- | --- | --- |
|  | 擀面杖 | 擀面杖是一种用来压制面条、面皮的工具，多为木制。一般长而大的擀面杖用来擀面团，短而小的擀面杖用来擀薄面皮。 |
|  | 面粉筛 | 面粉筛一般都由不锈钢制成，是用来过滤面粉的烘焙工具。面粉筛底部都是漏网状的，可以用于过滤面粉中混有的其他杂质。 |
|  | 电子秤 | 电子秤又称为电子计量称，适合在烘焙中用来称量各式各样的粉类（如面粉、抹茶粉等）、细砂糖等需要准确称量的材料。 |
|  | 量匙 | 量匙通常是塑料或者不锈钢材质的，呈圆状或椭圆状，带有小柄的一种浅勺，主要用来盛液体或细碎的物体。 |
|  | 毛刷 | 毛刷的尺寸多样，能够用来在面皮表面刷油脂，也能用来在制好的蛋糕或点心上刷蛋液。 |

续表

| 图片 | 名称 | 说明 |
|---|---|---|
|  | 长柄刮板 | 长柄刮板是一种软质工具，是西点制作中不可缺少的利器。它主要用于将各种材料拌匀及将盆底的材料刮干净。 |
|  | 手动打蛋器 | 手动打蛋器是烘焙时必不可少的工具之一，可以用于打发蛋白、黄油等制作一些简易小蛋糕，但使用时较费时费力。 |
|  | 电动搅拌器 | 电动搅拌器包含一个电机身，配有打蛋头和搅面棒两种搅拌头。电动搅拌器可以使搅拌的工作更加快速，材料搅拌得更加均匀。 |
|  | 裱花袋 | 裱花袋是形状呈三角形的塑料材质袋子，使用时装入奶油，再在最尖端套上裱花嘴或直接用剪刀剪开小口，可以挤出各种纹路的奶油花。 |
|  | 焙油纸 | 焙油纸是烤箱内烘烤食物时用来垫在底部的纸，防止食物粘在模具上面而导致清洗困难，能保证食品干净卫生，垫盘、隔油都可以用。 |
|  | 布丁模 | 布丁模是由陶瓷、玻璃涮成的杯状模具，形状各异、耐高温，可以用来DIY酸奶、布丁等小点心，小巧耐看。布丁模可用白醋清洗。 |
|  | 披萨盘 | 披萨盘尺寸大小不一，分别有6寸、7寸、8寸、9寸和10寸等，材质有铝合金制和铁制等。披萨盘主要用于烤制披萨。 |
|  | 蛋挞模 | 蛋挞模主要在制作普通蛋挞或葡式蛋挞时使用。一般选择铝模，压制比较好，烤出来的蛋挞口感也比较好。 |

续表

| | | |
|---|---|---|
| | 吐司模 | 吐司模是烤吐司的模具。除了在烤箱中使用，吐司模也可以放在某些面包机桶内，用于烘烤吐司。 |
| | 方形烤盘 | 方形烤盘一般是长方形的，钢制或铁制都有，可用来烤蛋糕卷、方形蛋糕等，也可用它来做方形披萨以及饼干类。 |
| | 蛋糕纸模 | 蛋糕纸模用在做小蛋糕时。使用相应形状的蛋糕纸模能够做出相应形状的蛋糕，适用于制作儿童喜爱的小糕点。 |
| | 烤箱 | 烤箱在一般情况下都是用来烤制饼干、点心和面包等。它是一种密封的电器，同时也具备烘干的作用。 |

## 二、烘焙的价值

1. 烘焙记载着一个贫富盛衰的历史变迁

新中国成立之初，国内的烘焙行业几乎是一片空白，人们生活贫苦，粗茶淡饭，百物短缺，油糖米面仍是凭票供应。烘焙产品以传统的糖饼、点心为主，像蛋糕、面包这种产品只能在高级宾馆、个别西餐厅才能见到。随着经济好转和开放力度增大，人们的生活水平逐渐提高，对食物品种多样化的需求增加，本土烘焙糕点大放光彩，奶油裱花蛋糕、常温烘焙蛋糕、饼干类被人们所接受。今天，我国的烘焙整体业态呈现出了一种蓬勃发展的势头，不管是从规模、产品还是技艺、素养各方面来衡量，我们都在以中国速度向世界证明自己的力量。

图 2-3 传统烘焙工艺

## 2. 烘焙是一场丰富多彩的旅行

相比大部分人都会的煮饭烧菜，烘焙需要更多的细心和耐心，原料配比复杂、制作步骤多样，因此，烘焙需要人们更加认真和专注地去研究，沉淀情绪，挑战自己。从简单的面粉、鸡蛋、糖和牛奶，变成基本的面糊，到最后通过烤箱成为一个个小蛋糕，围坐在餐桌前，与亲朋好友一起品尝美食、分享趣事。

图 2-4　共享甜蜜时光

## 三、实施烘焙

如今，烘焙是很受欢迎的美食，不仅有大量的烘焙品牌门店在街头林立，家庭自制烘焙也逐渐发展成新的潮流。不少家庭开始购买烤箱、面包机、打蛋器等烘焙工具，把家中厨房当作"食品车间"。每逢节假日，家人们聚在一起，从网上找食谱、买原料，一起做点心、烤面包，这既是个人的兴趣爱好，也是一种健康的生活方式，为家庭生活增添了不少色彩和乐趣。

无论是车间规模化生产，还是家庭兴趣化烘焙，劳动安全永远是第一位的。广义上的劳动安全，是指在生产劳动过程中，防止中毒、车祸、触电、塌陷、爆炸、火灾、坠落、机械外伤等危及劳动者人身安全的事故发生。在生产劳动和生活劳动的过程中，都有许多不安全的因素隐藏在我们身边，稍不注意就会有危险事故发生，甚至危害我们的生命。因此，我们每个人都应该学习、了解劳动安全知识，培养劳动安全意识，做到劳动技能与安全防范双收。狭义上的劳动安全，又称职业安全，是劳动者享有的在职业劳动中人身安全获得保障、免受职业伤害的权利。我国先后制定了《劳动法》《劳动合同法》等一系列劳动法律法规，调整劳动关系以及与劳动关系有密切联系的其他社会关系的法律，获得劳动安全卫生保护是劳动者享有的基本权利之一，劳动者有权了解生产作业场所和工作岗位存在的不安全因素和职业危害，用人单位必须如实告知,并提供相应的劳动保护用品和防护措施。

还记得小时候喜爱的曲奇饼干吗?每逢过节能收到一盒就可以开心好儿天。走过面包店,一阵阵的黄油香让人闻得心花怒放,从来没想过自己能够制作出这种口感松酥、入口香甜的曲奇饼干。现在让我们一起开始这奇妙的烘焙之旅,体验一下把饼干包装好作为礼物送出去,"看,这是我烤的,你一定要尝一口!"的心情吧!

### 拓展阅读:枣味飘香——红枣饼干制作流程

材料准备:

低筋面粉250克,鸡蛋1个,红枣50个,红糖30克,细砂糖30克,黄油100克,奶粉10克,泡打粉1克。

做法分解:

1. 红枣去核切成丁;
2. 黄油先在室温软化,加入细砂糖,用电动打蛋器打发膨松;
3. 倒入红糖搅匀,加入打散的蛋液,搅拌均匀;

图 2-5 红枣饼干

4. 筛入泡打粉、奶粉和低筋面粉,搅拌均匀;
5. 加入红枣丁,再次拌均匀,制成最终的面团;
6. 用擀面杖将面团擀成0.5厘米厚的片状,再切成小方块;
7. 在烤盘上铺上油纸,再放上小方块;
8. 预热烤箱,以170℃的温度烤10分钟,烤好后装盘即可。

### 活动与交流:"体验烘焙乐趣 享受美味人生"主题活动

图 2-6 "体验烘焙乐趣 享受美味人生"主题活动

一、活动目标

通过烘焙活动，让同学们体验到用双手去探寻、期待未知结果，完成独一无二的作品的过程，不仅能丰富知识技能、结交更多志同道合的朋友，还能带给同学们幸福感和满足感。

二、活动时间

利用2课时的时间集中实践。

三、活动流程

1. 请同学们以 3~4 人为一小组，实践并完成自己的烘焙作品。

2. 与同学、亲友们分享自己的烘焙成果与烘焙故事。

3. 记录下本次实践的体验与感悟，并与同学们交流。

体验与感悟：

_____

_____

_____。

4. 老师进行总结与点评。

### 课后思考

在本次烘焙活动中，你体会到了哪些独特的乐趣？

## 第二节 "畅享园艺 绿动你我"主题活动

### 案例导入

绿色是中华民族的生存之本，是中华文明的发展之道，从古至今，始终如一。早在远古时期，中国人就崇尚林木。远古神话传说中就有许多关于树的故事，如"日出扶桑""日落若木""建木通天""夸父逐日，化为邓林"等。中国古代很早就认识到林木对环境的保护作用。《管子·度地》提出："大者为之堤，小者为之防，夹水四道，禾稼不伤，岁埤增之，树以荆棘，以固其地，杂之以柏杨，以备决水。"意思是多种植林木，可以保持水土，预防水害。汉代的贡禹更是提出了"丛林之下，为仓腴之坻"，意思是林木可以保护农田，保障粮食产量。不仅如此，我国的历代王朝通过鼓励种植护田林、护堤林、经济林，禁止滥伐林木等方式，用以保护林木资源，改善生态环境。那个时候的人民也已经认识到保护生态环境的重要性，不仅官府立碑，民间也立，老百姓会自发地保护林木、种植树木，预防灾害。

## 一、认识园艺活动

从字面上来看，园艺一词是"园"加"艺"的集合，"园"是指种植蔬菜、花木的地方，"艺"是指技能、技术。"艺"作为动词时，本义是"种植"。园艺一词，原指在围篱保护的园囿内进行的植物栽培。

现代园艺早已打破了这种局限，范围与场合更加广泛，在不同的语言环境中，所表达的意思各不相同。近些年来，随着人们环境意识的不断增强，除了园林绿化之外，美化到生活环境中的各个角落的风尚正在逐渐形成，因而本节所说的园艺，指利用建筑物房前屋后以及屋顶、室内、窗台、阳台、围墙等零星空间或区域，配合城市建设，美化庭院，加速绿化。

图 2-7　城市园艺绿化

## 二、园艺活动的价值

1. 贯彻生态文明发展理念

党的二十大报告指出，推动绿色发展，促进人与自然和谐共生。尊重自然、顺应自然、保护自然，是全面建设社会主义现代化国家的内在要求。必须牢固树立和践行"绿水青山就是金山银山"的理念，站在人与自然和谐共生的高度谋划发展。劳动反映了人与自然之间的关系，人是自然界的一部分，又是一个有着自身特殊发展规律的部分。通过劳动实践协调人与自然的关系，实现人与自然的和谐统一，是人类必须面对的永恒主题。党的十八大以来，我们提出的生态文明理念深入人心，坚持生态优先、绿色发展的观念自有其深刻的道理，"绿色环境""绿色食品""绿色工业"等思潮备受人们青睐与瞩目，绿色环保的主题精神逐渐跻身于劳动过程之中。

个人通过园艺活动,积极实践绿化、美化、净化的劳动精神,以干净整洁的"小环境"构建美丽和谐的社会"大环境"。

## 拓展阅读

2020年3月12日是第42个植树节,也是全民义务植树运动39周年。每年3.12植树节期间,烟台市绿化委员会都会充分借助媒体力量,发布义务植树活动公告和义务植树倡议等,向广大市民介绍全市义务植树活动安排,鼓励广大市民就近参加义务植树活动,激发各界群众参与国土绿化的热情,在全市营造了"生态城市大家创建,绿色成果人人共享"的浓厚氛围。全市平均每年组织适龄公民参与义务植树150万人次、植树500余万株。

近年来,烟台市先后实施三年大造林、三年水系绿化、三年森林城市建设和全域绿化三年行动等重大工程,累计完成造林200余万亩,造林成活率连续多年达到90%以上,"绿色家底"越来越厚实。截至目前,全市林地面积820万亩,森林覆盖率达到36.35%,均位居全省首位。林业生态服务价值达到578亿元,烟台市荣获全国绿化模范城市、国家森林城市称号。

图2-8 烟台造林200余万亩　　　　　　图2-9 生态优先,绿色发展

### 2. 发挥环境育人作用

在教育快速发展的今天,校园环境与文化建设被提上了重要的日程,校园环境是一种无声的、特殊的教育课堂,本身就是教育的承载和表现,在学校的育人体系中,"环境育人"越来越成为一个非常重要的方面。

利用山水花草对校园环境进行巧妙装饰,既能美化育人环境,使学生在紧张繁忙的学习之余起到放松身心、调节思绪、愉悦心情的作用,通过美的享受和艺术的感染去净化心灵、陶冶情操,进而促进学生的健康成长;又能抑制不符合环境氛围的思想和行为,把学校的校风、学风、校训、校规等融入环境绿化美化中,在不知不觉中影响和规范他们的行为。

### 三、实施园艺活动

以生活中两种最常见的园艺活动为例。

1. 植树造林

砍一棵树只在一瞬间，而种一棵树则十分困难，"其本欲舒，其培欲平，其土欲故，其筑欲密"，即便生长再快，成长单位也是以年论数。生态园林一旦遭到破坏，短时间内很难恢复，你愿意参与到爱绿、植绿、护绿的过程中来吗？

如今，有越来越多的人加入到植树的行列，但不是通过传统的一锹一掀一埋一灌的方式，而是借助互联网途径，为遥远的沙漠地区捐助一颗树苗，"网络植树"便应运而生，并逐步发展成为当下热门的植树方式之一。

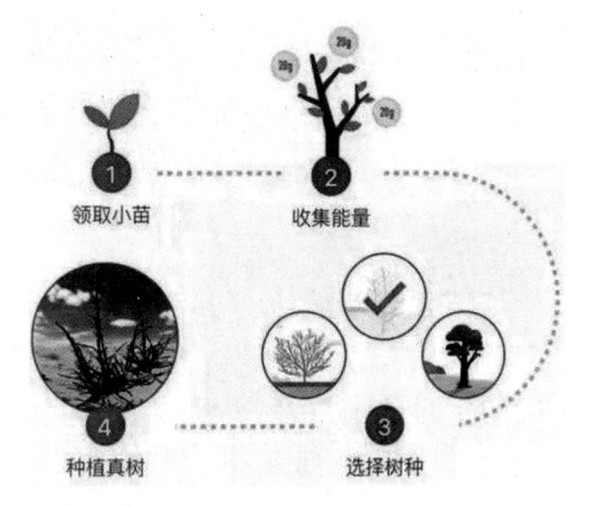

图 2-10 部分互联网植树流程

植树与互联网的结合，为绿化公益事业开创了多元渠道和即时平台。无论是网络捐赠植树，动动手指，献绿色爱心；或是将低碳生活转化为能量，待能量积累到一定程度，便可申请种植树木，这些树木并不是虚幻的，而是会在最需要植树的地方被人亲手种植。当你在聊天群、朋友圈晒出自己的植树证书时，也让更多人感受到参与植绿造绿的快乐和愉悦。如此，植树文化也随之更有生命力，生态文明理念日益深入人心，建设美丽中国正逐步转化为全体人民的自觉行动。

2. 园艺养护

俗话说"三分栽、七分养"，在园艺养护过程中，有灌溉、拔草、施肥、修剪等项目，工作简单，但也非常重要，园艺养护工作没做好会使大成本建造的绿化效果不能很好地保持，有的很快出现草地退化、树木死亡、杂草丛生的情况，因此绿植要定期进行园艺养护管理。

绿化带内时常滋生杂草，影响绿化植物的生长，可以用不喷洒农药的方法除杂草。绿化带由手工除草最为合适，既能给花草树木创造一个健康的生长环境，使校园内的花草树木能够苗壮成长，也可以疏松土壤、通气、调节土温，促进土壤养分分解，便于树木根系生长，同时除去与树木争肥争水、有碍观瞻的杂草。

图 2-11 同学们进行除草活动

对花木进行适当的修剪，帮助花木更加健康的成长。花木生长过于茂盛会导致枝叶过于繁密，从而影响光照和通风情况，很容易引发病虫害。对花木进行适当的修剪，可以增加花木的通风性和透光性，也可以调节花木自身的平衡，促进花木健康成长。此外，带有设计性的修剪，也可使花木自身变得整齐美观，更好地与外界环境融合，满足人们的审美需求。

### 活动与交流："畅享园艺　绿动你我"主题活动

一、活动目标

引导学生树立绿色环保的文明理念，加深学生对校园环境的认同感。

二、活动时间

利用一周的时间集中实践，并持之以恒地坚持下去。

三、活动流程

1. 请同学们从网络植树、校园园艺活动中任选其一进行实践。

2. 记录下本次实践的体验与感悟，并与同学们交流。

体验与感悟：

_____
_____
_____
_____。

3. 老师进行总结与点评。

### 课后思考

你所实施的绿色园艺活动，能够给你的生活带来哪些积极的影响？

## 牛刀小试

一、单选题

1. 下列选项中，与"业广惟勤"意思最相近的是（　　）。

A. 执着的追求才能取得最大的快乐

B. 要成功一项事业，就要花掉毕生的时间

C. 完成伟大的功业，在于辛勤不懈地工作

D. 一个人能在劳动的物质成果中体现他的智慧

2. 烘焙具有（　　）的社会价值。

A. 记载着一个贫富盛衰的历史变迁

B. 给公众留下值得信任的美好印象

C. 与亲朋好友一起品尝美食、分享趣事

D. 让社会变得更为温暖、和谐

3. 在生产劳动实践中，（　　）永远是第一位的。

A. 效率　　　　　　B. 安全　　　　　　C. 成果　　　　　　D. 创意

4. 当面粉颗粒达到一定浓度，遇到明火会发生（　　）。

A. 挥发　　　　　　B. 凝固　　　　　　C. 有毒气体　　　　D. 爆炸

5. 电气设备着火，不能用（　　）灭火器灭火。

A. 二氧化碳　　　　B. 干粉　　　　　　C. 泡沫

6. 发生火灾时，用湿毛巾捂住口鼻，可以有效防止（　　）。

A. 烧伤烫伤　　　　　　　　　　　　B. 吸入一氧化碳等有毒气体

C. 被浓烟包围　　　　　　　　　　　D. 缺氧窒息

7. （　　）是明确劳动关系，保护广大劳动者合法权益的重要法律。

A.《公司法》　　　　　　　　　　　B.《消费者权益保护法》

C.《劳动合同法》　　　　　　　　　D.《民法典》

8. 以下语句中，与其他三句语境不同的是（　　）。

A. 禹之禁，春三月，山林不登斧，以成草木之长

B. 丛林之下，为仓庾之坻

C. 树以荆棘，以固其地，杂之以柏杨，以备决水

D. 知屋漏者在宇下，知政失者在草野

9. 劳动反映了人与自然之间的关系，通过劳动实践协调人与自然的关系，实现人与自然的（　　），是人类必须面对的永恒主题。

A. 和谐统一　　　　B. 对立统一　　　　C. 共享共建　　　　D. 交融贯通

10. 校园环境是一种无声的、特殊的教育课堂，本身就是教育的承载和表现，由此可见，在学校的育人体系中，"（　　）"越来越成为一个非常重要的方面。

  A. 管理育人    B. 环境育人    C. 课堂育人    D. 资助育人

## 二、多选题

1. 我国的历代王朝鼓励种植树木，其功能主要体现于（　　）。

  A. 护田             B. 护堤

  C. 经济            D. 改善生态环境

2. 个人可以通过园艺活动，积极实践（　　）的劳动精神，以干净整洁的"小环境"构建美丽和谐的社会"大环境"。

  A. 绿化     B. 美化     C. 净化     D. 巧化

3. 党的二十大报告指出，推动绿色发展，促进人与自然和谐共生，（　　）是全面建设社会主义现代化国家的内在要求。

  A. 改造自然    B. 尊重自然    C. 顺应自然    D. 保护自然

4. 在园艺养护过程中，通常有（　　）等项目。

  A. 灌溉     B. 拔草     C. 施肥     D. 修剪

5. 利用山水花草对校园环境进行巧妙装饰，既能美化育人环境，又能帮助学生（　　）。

  A. 放松身心    B. 愉悦心情    C. 陶冶情操    D. 健康成长

## 三、判断题

1. 发生火灾时优先考虑电梯逃生。（　　）

2. 随着人们环保意识的不断增强，绿化仅存在于围篱保护的园圃之内。（　　）

3. 建设美丽中国需要全体人民的共同努力。（　　）

4. 花木生长过于茂盛是草木健康的体现，因此不需要进行修剪。（　　）

5. 带有设计性的修剪，也可使花木自身变得整齐美观，更好的与外界环境融合，满足人们的审美需求。（　　）

参考答案

# 第三章  服务性劳动实践

> **导读**
>
> 　　在历史前进的车轮上，在中国发展的脚步里，一代代的无私奉献者让中国梦大放异彩。弘扬奉献精神是每个时代不变的主题，尚未踏入社会的我们，可以加入到志愿服务中去，大力弘扬公益精神，将这份爱心与责任传递下去。
>
> 　　公益是公共利益事业的简称，是一定的组织或个人为了公众的利益，向社会捐赠财物、时间、精力和知识等活动，好的公益活动能够洗涤人们的心灵、提升组织或个人声誉、弘扬社会公益精神。通过实施公益宣传活动，同学们能够提升自身社会责任感和奉献精神。
>
> 　　志愿服务是指不为任何物质报酬的前提下，为改善社会、促进社会进步而自愿付出个人的时间及精力所做出的服务工作，具有自愿性、无偿性、公益性、实践性等特征，能够锻炼志愿者个人能力、提升思想内涵，从而最终影响社会的文化理念。通过参与社区志愿活动，同学们能够培养服务社会、主动作为的主人翁意识。

## 第一节　"公益宣传我先行"主题活动

### 案例导入

**年轻人网上"做好事"**

　　2019年五四青年节前夕，《北京青年报》联合部分互联网平台进行的调查显示，有91.9%的青年在网上拥有至少两个与工作完全不同的身份，且多数年轻人用这些身份在做好事：网络安全宣传员、互联网寻亲志愿者、大众评审员……

　　这个"9成年轻人网上'务正业'"的调查与报道，刷新了我们对年轻人的新认知——在我们的传统观念里，年轻人若沉迷网络，恐怕是在网上玩游戏、看视频等，以消磨时间；然而实际上，多数年轻人活跃在网上，却是在利用课余、下班时间、周末和节假日经营自己的网络新身份：在线课堂主播、大众评审员、网络动物救助员、交通路况举报员、网络安全宣传者、信用分"学霸"等——他们经营的这些新身份，不仅丰富了自己，也带给他人和社会更多回馈。

比如，在某网络支付平台，用户可以拥有"行走捐达人""养鸡公益大户"等新身份。就拿"行走捐达人"来说，用户开启"行走捐"后，可以将每天行走的步数兑换成公益金，然后捐赠给相应的公益项目；再拿"养鸡公益大户"来说，网友可以使用该支付平台付款领取鸡饲料，使用鸡饲料喂鸡后，可以获得鸡蛋，然后再把鸡蛋捐赠出去，据报道，已有1.25亿网友通过这个网络新身份，为19个公益项目捐赠了92亿颗鸡蛋，帮助了432万人。这些网友在网上务的这些"正业"，显然不是混时间，而是在坚守自己的公益心，值得点赞。

期待有更多年轻人，用自己的热情、专业知识或技能，为他人提供物质、精神上的帮助，为社会多做贡献，实现更多元化的自我价值。

## 一、认识公益活动

公益是公共利益事业的简称，这是为人民服务而不求回报的一种通俗讲法，指有关社会公众的福祉和利益。公益活动是指一定的组织或个人为了公众的利益，向社会捐赠财物、时间、精力和知识等活动。公益活动的内容包括社区服务、环境保护、知识传播、公共福利、帮助他人、社会援助、社会治安、紧急援助、青年服务、慈善活动、社团活动、专业服务、文化艺术活动、国际合作等。

近几年来，我国的公益组织在一次次的灾难事件面前，有的成为众矢之的而难以再获民众的信任，有的异军突起而在一夜之间壮大起来，曾经神秘的公益慈善机构逐渐在公众面前变得清晰可辨，而公众也从最初的追随者变成了更有力量的监督者和实施者。

### 拓展阅读：盘点中国知名公益组织

1. 中华慈善总会

中华慈善总会成立于1994年，是经中国政府批准依法注册登记，由热心慈善事业的公民、法人及其他社会组织志愿参加的全国性非营利公益社会团体，目前在全国拥有401个会员单位。其宗旨是：发扬人道主义精神，弘扬中华民族扶贫济困的传统美德，帮助社会上不幸的个人和困难群体，开展多种形式的社会救助工作。

中华慈善总会自成立至今，始终坚持恪守总会宗旨，积极倡导慈善意识，努力开拓慈善工作的服务领域，广泛动员社会力量，多方筹措慈善资金，配合政府有关部门在紧急救援、扶贫济困、安老助孤、医疗救助、助学支教等方面做了大量工作，取得了显著成绩。

图 3-1　中华慈善总会会标　　　　图 3-2　中国红十字会会标

2. 中国红十字会

中国红十字会的历史可以追溯到 1904 年。当时正值清朝末年，为救助日俄战争中受害的我国同胞而成立。1912 年，中国红十字会正式成为国际红十字会的成员，1993 年全国人大制定了《中华人民共和国红十字会法》，明确中国红十字会是"从事人道主义工作的社会救助团体"，它的职责较以前有所扩大。目前，中国红十字会主要履行以下职责：开展救灾的准备工作；在自然灾害和突发事件中，对伤病员和其他受害人进行救助；普及卫生救护和防病知识，进行初级卫生救护培训；参与输血献血工作，推动无偿献血；开展红十字青少年活动，参加国际人道主义救援工作等。

3. 中国大学生公益联盟

中国大学生公益联盟是由中国多所高校的大学生组成的地方性非营利民间组织，积极引领中国大学生参与社会公益事业，支持与推动大学生社会公益事业和社会文明的进步与发展，关注、帮助社会弱势群体，倡导"奉献自我，辐射他人"的理念，在大学校园及社会上传播志愿者文化，带动全社会积极参与社会公益事业，促进中国社会公益事业的发展和壮大。

图 3-3　中国大学生公益联盟会标　　　　图 3-4　中国扶贫基金会会标

基于中国大学生公益联盟广泛的影响力，通过各种途径联络联盟内部及社会各界热心公益事业的个人与团体，争取和发掘各种形式的参与和支持，共同探索和建立大学生公益事业的途径和方法。

4. 中国扶贫基金会

中国扶贫基金会成立于1989年，是在民政部注册、由国务院扶贫办主管的全国性扶贫公益组织，是中国扶贫公益领域规模最大、最具影响力的公益组织之一。在社会各界的支持下，中国扶贫基金会通过良好的内部治理、项目管理和社会绩效得到了公众的广泛认同，社会影响力不断提高。2016年9月，《慈善法》颁布后，中国扶贫基金会被民政部首批认定为具有公开募捐资格的慈善组织。

以捐一元、善行者、善行100、公益未来、大爱无国界国际义卖活动、精准扶贫行业交流会等活动为抓手，广泛动员社会力量参与脱贫攻坚；以关爱贫困地区留守儿童为目标的童伴妈妈项目在四川、贵州等多省成功推广；启动实施了为建档立卡贫困户家庭主要劳动力提供住院补充医疗保障的顶梁柱保险项目；开展了新长城助学、爱心包裹、爱加餐、灾害救援等品牌扶贫项目，继续让贫困人群受益；百美村宿、善品公社等创新扶贫项目稳步发展并有效帮助贫困人口脱贫致富；在国际舞台上，积极响应国家"一带一路"倡议，助力推动构建人类命运共同体，在欠发达国家和地区继续开展扶贫公益项目，传递中国减贫经验，讲述中国扶贫故事。

## 二、公益活动的价值

1. 公益活动对个人的价值

世界上最大的快乐是奉献和付出。奉献是一种真诚自愿的付出行为，是一种崇高的精神境界，是美好的人生追求。通过参加社会公益活动，可以使人性中最本真的真善美体现出来，当我们用爱心火炬照亮别人的时候，其实也在温暖着自己，让自己的心灵得到洗礼。

2. 公益活动对组织的价值

通过参与实施公益活动，为本组织树立起关心社会公益事业、具有高度社会责任感的良好形象，体现了组织助人为乐的高贵品质和关心公益事业、勇于承担社会责任、为社会无私奉献的精神风貌。一次好的公益活动能够比商业广告更具说服力，有利于提高组织的知名度和美誉度，给公众留下可以信任的美好印象，从而赢得公众的赞美和良好的声誉。

3. 公益活动对社会的价值

积极开展社会公益活动，能够让社会变得更为温暖、和谐。在社会生活中，有很多领域、个体是国家力量无暇顾及的，通过公益活动的实施，能够凝聚全社会爱心人士的力量，更贴近生活、更有针对性地满足社会公众利益需求，传达善意的愿望，进一步弘扬公益精神。

### 三、实施公益活动的方式

现在人们的公益理念正在逐步加强，参与到公益事业当中也成为越来越多人的选择，做公益都有哪些方式呢？

1. 参与公益捐助

这是一种最普遍也是最简单的公益慈善方式。比如直接向当地的公益组织捐款，或者是社区举行公益募捐等，都可以进行捐助。现在互联网有很多的公益众筹，或者是一些大型的电子商务网站有专门的捐赠渠道，会定期公布一些需要帮助的人，吸引大家的捐款。

图 3-5　参与公益捐助　　　　　　　　图 3-6　公益活动志愿者

2. 公益活动志愿者

公益类的志愿者活动也是非常多的，比如说支教、知识传播、救援救助、文明交通疏导、孤儿院走访、陪伴社区孤寡老人、参加义务劳动等。虽然参与志愿者活动会耗费自己一定的时间和精力，但却是一种简单的、直接参与公益事业的方式，也最能感受到奉献自己、温暖他人的成就感和幸福感。

3. 创新型公益项目

随着社会的不断变革与发展，公益项目也在不断地创新。如公益长跑、冰桶挑战等创新型公益活动；通过与朋友打赌、游戏等方式，如果自己能完成，对方则需要捐多少钱，若完不成则由自己来捐赠；也可在活动过程中随时募捐。这些公益项目既对参与者提出了一定的挑战，也为公益事业做出了贡献，一举两得。也有新型公益类互联网项目，如完成项目规定的"健康小任务"，比如说给妈妈打电话、坚持早起、积累步数、做有氧运动等，可以在日常生活中轻松地获得相应的积分，积累到一定数量，合作厂家就会将物资运送到相应的公益机构。

图 3-7　爱心长跑助力公益

作为学生，尽管我们的力量十分有限，但我们能用自己的方式投身公益、帮助他人。在一个孤儿的心中，一个简单的拥抱就能够温暖他们；在一个残障儿童眼里，一句鼓励的话就足以让他们重振精神；在一个孤寡老人的内心深处，一句生涩的老歌就能唤醒他们的美好回忆。让我们以己绵薄之力，奉献力量，传播关爱，互相帮助，共同促进社会进步。

### 活动与交流："公益宣传我先行"主题活动

图 3-8　"公益宣传我先行"主题活动

一、活动目标

引导学生在公益宣传过程中提升自身责任感和奉献精神。

二、活动时间

利用一周的时间集中实践。

三、活动流程

1. 请同学们制作一个公益宣传作品，可以是一篇文章、一幅海报、一段视频。

2. 将你的公益宣传作品发至朋友圈，号召同学、亲友一起阅读、宣传。

3. 记录下本次实践的体验与感悟，并与同学们交流。

体验与感悟：

_____

_____

_____。

4. 老师进行总结与点评。

**课后思考**

你的公益宣传作品为社会带来了哪些积极的影响？

# 第二节 "社区服务献爱心"主题活动

## 案例导入

为深入贯彻落实国务院《志愿服务条例》和山东省文明委关于培育和践行社会主义核心价值观、弘扬志愿服务精神的工作部署，引导山东省直机关干部职工在志愿服务工作中走在前列、做出表率，开创志愿服务工作新局面，山东省直机关工委发布《2020~2021年度省直机关志愿服务工作指导意见》。《意见》提出，要进一步优化服务保障。省直各部门单位对内部志愿服务组织开展志愿服务活动，要给予经费支持，加大激励保障力度。积极搭建爱心企业、爱心人士与志愿服务组织之间的桥梁，引导社会资金参与支持志愿服务组织发展。鼓励多渠道筹资为志愿者购买保险，鼓励保险公司与志愿服务组织合作，设计开发符合志愿服务特点、适应志愿服务发展需要的险种，为志愿服务活动承保，为志愿服务组织健康持续发展提供有力保障。鼓励公共服务机构等对有良好志愿服务记录的志愿者给予优待，为开展志愿服务提供场所和其他便利条件。对在志愿服务事业发展中做出突出贡献的志愿者、志愿服务组织，有关部门按照法律、法规和国家有关规定予以表彰、奖励。

## 一、认识志愿服务

党的十九届五中全会通过的《建议》明确指出："提高社会文明程度，要推动形成适应新时代要求的思想观念、精神风貌、文明风尚、行为规范，健全志愿服务体系，广泛开展志愿服务关爱行动。"

志愿服务是指在不为任何物质报酬的情况下，为改善社会、促进社会进步而自愿付出个人的时间及精力所作出的服务工作，"奉献、友爱、互助、进步"为主要核心思想。其中,"奉献"是志愿精神的核心,"友爱"是志愿精神的德性要求,"互助"是在帮助他人的同时实现"助人自助",满足社会交往和自我成长发展的需求,"进步"是志愿精神追求的目标。"赠人玫瑰,手有余香"。志愿服务活动是新时代青年力所能及地帮助他人、服务社会的机会,也是通过社会实践求得真知、得到锻炼,为未来做好充分准备的重要成长途径。可见,志愿服务具有自愿性、无偿性、公益性、实践性等特征。

1. 志愿服务的自愿性

青年志愿者行动以激发基于道义良知、同情心和公民社会责任感等青年内心行为动机为主要动员手段。组织者公开招募,参与者自愿报名,充分尊重了当代青年平等参与的意识。正是由于青年志愿者行动以自愿参加为前提,参加行动的动力来自参与者本身,因而参与者更具有积极性和责任感,比较容易坚持,有利于活动的持久和深入。

2. 志愿服务的无偿性

图 3-9　春运志愿者温暖旅客回家路　　　　图 3-10　志愿服务进社区

志愿者无报酬,志愿服务有成本。志愿者在志愿服务中付出时间、劳动、智力等,是不能获取报酬的,但为此付出的交通等成本,是可由志愿服务组织、服务对象或企业,通过补贴的方式来帮助志愿者分担;也可通过提供保险、培训学习等方式,给予志愿者一定的回报或保障。志愿服务成本既可由志愿者组织方、志愿者、志愿服务对象独自承担,也可由多方共同承担。

3. 志愿服务的公益性

志愿服务最核心的特征就是拒绝私益。志愿者和受助对象之间不是出于友谊或其他私人关系而开展相互帮扶。志愿服务的对象和领域是社会公益活动,但它不仅仅是一种做好事和助人为乐的简单活动,它是一种系统的、有组织的、自愿开展的活动,它是社会建设和社会管理的重要组成部分;它弥补了政府、市场和个人力量的不足之处,起到了加强国家和个人相互联系的桥梁作用。

4. 志愿服务的实践性

青年志愿者行动是一种生机勃勃的群众性社会实践活动，它既是实实在在的社会服务活动，又包含着深刻的思想政治教育内容，是两者有机的结合，具有帮助他人、完善自己、服务社会、弘扬新风的功能。青年志愿者实实在在的服务实践，使服务的主体和客体都发生深刻的变化。

### 拓展阅读

2006 年 11 月，共青团中央印发的《中国注册志愿者管理办法》规定："团组织、志愿者组织根据服务对象的需求，向注册志愿者发布服务信息、提供服务岗位，志愿者按照相关要求开展志愿服务。注册志愿者也可按照相关规定自行开展志愿服务。提倡具有相同服务意向和志趣爱好的注册志愿者在团组织、志愿者组织指导下结成志愿服务团队开展服务。"

"注册志愿者参加志愿服务，应通过与志愿者组织或服务对象签订服务协议书等形式，明确服务内容、时间和有关的权利、义务。未满十八周岁的注册志愿者可参加与其年龄、智力相适应的志愿服务。"

"各级团组织、志愿者组织可依托服务需求相对集中的社会公益机构，通过签订协议、命名挂牌等形式创建志愿服务基地，探索建立志愿者经常性、就近就便开展志愿服务的有效机制。"

图 3-11 中国青年志愿者标识

## 二、志愿服务的价值

志愿服务有着以下价值：

志愿服务是一次与社会零距离接触的宝贵经历，可以帮助学生增添阅历、磨炼技能，找到奋斗的目标、前进的方向，探索为人处世的道理、人生的真谛。

优秀的志愿服务往往伴随着奉献、友爱、互助、进步等主题，能够在服务社会的同时，有效地提升参与者的思想观念，更能对其他社会成员形成积极的道德影响。

志愿服务通过影响个体的意志，从而改变整个社会的文化理念，将服务与奉献精神深入人心，规范人的行为取向，最终造就新的社会形态。

### 拓展阅读：年轻人网上"做好事"

#### 大学生志愿者体验城管执法，美好家园你我共建

这个暑假，大学生们有了一次特别的暑期实践——他们作为城市治理的志愿者，参与到了城市治理的相关工作中，开展环境卫生集中整治活动，零距离感受城

市管理工作。

志愿活动过程中，大学生志愿者们跟随城管辅助人员了解城市管理的工作内容、重点问题与相关方法，并切身参与和体验城市管理工作，对商户进行宣讲和整治，督促落实"门前三包"责任制；将路边歪斜和倒伏的单车摆放到规定区域，规范间距、统一朝向并有序"归位"；对沿街"城市牛皮癣"小广告进行集中清理和整治；跟随执法队员对现场发现的不规范停车行为进行劝阻和处罚，维持良好的道路通行秩序。

炎炎烈日下，同学们挥洒着汗水，对城市管理工作有了全新的了解，"在本次活动中，我最大的感受就是城管队员们工作非常辛苦，每天顶着烈日走上街头，维持着城市的文明、和谐与整洁。未来我一定会更加严格要求自己，按规定停车，不乱扔垃圾，同时，还要用自己的行动影响身边的人，一起珍惜我们的城市环境。"

社会是具有动态性的，其内容远比教科书更丰富、更前沿。通过这样的方式，不仅能提高大学生们参与城市工作的积极性与热情，更能促进构建城市管理共治共享的浓厚氛围。

## 三、实施志愿服务

志愿服务是我们在努力成为有技术、有担当、有情怀的劳动者的道路上必不可少的一段宝贵历练。但随着志愿服务的大规模普及，部分志愿服务门槛过低，活动开始前对于志愿者的能力基本上没有什么要求，活动结束后，也不会对个人的能力水平产生实质性的影响，服务过程完全不会给学生带来精神上的冲击，学生很难从这次活动中感受到价值层面的内容。因此，在选择和参与志愿服务前，有必要对自己的能力与需求做一个全面分析。

结合自身情况，完成下列表格。

表 3-1　自身能力与需求分析表

| 你所掌握的技能有哪些？ | 你还缺乏的能力有哪些？ |
| --- | --- |
|  |  |
| 你在志愿服务中可以付出什么？ | 你希望在志愿服务中收获什么？ |
|  |  |

## 活动与交流:"社区服务献爱心"主题活动

一、活动目标

引导学生在志愿服务的过程中,培养服务社会、主动作为的主人翁意识。

二、活动时间

利用假期时间集中实践,并持之以恒地坚持下去。

三、活动流程

1. 请同学们结合自身情况,利用寒暑假时间,完成社区服务计划书。

表 3-2 社区服务计划表

"_____" 社区服务计划书

一、服务主题

二、服务目的

三、服务内容

四、服务过程

1. 时间

2. 地点

3. 前期准备

4. 具体流程

续表

| 五、服务意义 |
|---|
|  |

2. 进行社区服务实践，并根据实践情况完成志愿活动评价表。

表3-3 志愿活动评价表

| 活动内容： | | 班级： | 姓名： | 时间： |
|---|---|---|---|---|
| 评价项目 | 评价要点 | 自评 | 小组评 | 师评 |
| 参与态度 | 1. 认真参加每一次活动 | | | |
| | 2. 努力完成自己承担的任务 | | | |
| | 3. 做好资料积累和处理工作 | | | |
| | 4. 主动提出自己的设想 | | | |
| | 5. 乐于合作，能和同学交流，尊重他人 | | | |
| 获得的体验 | 6. 善于提问，乐于研究，勤于动手 | | | |
| | 7. 关心活动进展，有一定的责任心 | | | |
| | 8. 能对自己进行反思 | | | |
| | 9. 实事求是，尊重他人的想法与成果 | | | |
| | 10. 不怕吃苦、勇于克服困难 | | | |
| 学会学习 | 11. 能运用多种途径获取信息 | | | |
| | 12. 能运用已有知识解决问题 | | | |
| 能力的发展 | 13. 有求知的好奇心、探索的欲望 | | | |
| | 14. 独立思考，主动发现问题、提出问题，寻求解决问题的方法 | | | |
| | 15. 积极实践，发挥个性特长，施展才能。 | | | |

注：评价结果分为A、B、C、D四个等级。A表示好，B表示较好，C表示一般，D表示较差。

3. 评选出学院"志愿服务标兵"。

4. 老师进行总结与点评。

**课后思考**

在本次社区服务实践活动中，你有哪些收获与提升？

## 牛刀小试

一、单选题

1. 弘扬（　　）是每个时代不变的主题。

   A. 奉献精神　　　　B. 怠惰因循　　　　C. 好逸恶劳　　　　D. 见利忘义

2. 以下不属于公益活动的是（　　）。

   A. 环境保护　　　　B. 社会援助　　　　C. 慈善活动　　　　D. 抚养子女

3. （　　）是一种真诚自愿的付出行为，是一种崇高的精神境界，是美好的人生追求。

   A. 享用　　　　　　B. 奉献　　　　　　C. 索取　　　　　　D. 经营

4. 积极开展社会公益活动，能够凝聚全社会爱心人士的力量，传达善意的愿望，让社会变的更为（　　）。

   A. 温暖、和谐　　　　　　　　　　　　B. 规范、严格

   C. 公开、透明　　　　　　　　　　　　D. 理性、辩证

5. 以下关于公益活动的说法，错误的是（　　）。

   A. 公益活动离不开热心的志愿者

   B. 公益事业体现了扶危济困、乐善好施的美德

   C. 慈善是有钱人的事情，与我们学生无关

   D. 我参与、我奉献

6. 志愿服务以（　　）为前提。

   A. 具备专业服务能力　　　　　　　　　B. 多元化价值体现

   C. 影响社会形态变化　　　　　　　　　D. 不为获得任何报酬

7. 以下不属于公益组织的是（　　）。

   A. 中华慈善总会　　　　　　　　　　　B. 中国大学生公益联盟

   C. 中国扶贫基金会　　　　　　　　　　D. 有限责任公司

8. 志愿服务最核心的特征在于（　　）。

   A. 自愿性　　　　　B. 无偿性　　　　　C. 公益性　　　　　D. 实践性

9. 以下关于志愿服务的说法，错误的是（　　）。

   A. 志愿服务包含志愿贡献个人的时间及精力

   B. 志愿服务在保证服务的前提下可要求物质报酬

   C. 志愿服务能够改善社会、促进社会进步

   D. 志愿服务是我们在努力成为有技术、有担当、有情怀的劳动者的道路上必不可少的一段宝贵历练

10. 志愿服务通过影响（　　），从而改变整个社会的文化理念。

A. 道德规范　　　　B. 个体意志　　　　C. 纪律要求　　　　D. 法治理念

二、多选题

1. 公共利益事业是一定的组织或个人为了公众的利益，向社会捐赠（　　）等活动。

A. 财物　　　　　　B. 时间　　　　　　C. 精力　　　　　　D. 知识

2. 好的公益活动能够（　　）。

A. 洗涤人们的心灵　　　　　　　　　　B. 追求物质报酬

C. 提升组织或个人声誉　　　　　　　　D. 弘扬社会公益精神

3. 提高社会文明程度要推动形成适应新时代要求的（　　），健全志愿服务体系，广泛开展志愿服务关爱行动。

A. 思想观念　　　　B. 精神风貌　　　　C. 文明风尚　　　　D. 行为规范

4. 志愿服务以（　　）为主要核心思想。

A. 奉献　　　　　　B. 友爱　　　　　　C. 互助　　　　　　D. 进步

5. 志愿服务具有（　　）等特征。

A. 义务性　　　　　B. 无偿性　　　　　C. 公益性　　　　　D. 实践性

三、判断题

1. 捐助行为具有经济效益，不属于公益活动。（　　）

2. 志愿服务不为任何物质报酬，所有经济成本应由被服务对象承担。（　　）

3. 志愿服务弥补了政府、市场和个人力量的不足之处，起到了加强国家和个人相互联系的桥梁作用。（　　）

4. 青年志愿者行动是一种生机勃勃的群众性社会实践活动，它既是实实在在的社会服务活动，又包含着深刻的思想政治教育内容，是两者有机的结合。（　　）

5. 在选择和参与志愿服务前，有必要对自己的能力与需求做一个全面分析。（　　）

参考答案